人權的底線

THE MOST HUMAN RIGHT

Why Free Speech Is Everything

為什麼言論自由就是一切？

Eric Heinze
艾瑞克·海因茲｜著　劉名揚｜譯

獻給亨利．斯坦納（Henry Steiner）——沒有他對人權的啟蒙，這本書不可能誕生。

政治的真正目標，不是對於公共福祉的最差管理。

——皮埃爾·維安松—龐特（Pierre Viansson-Ponte）①

目次

Chapter 1

介紹：人權概念的源起

INTRODUCTION

二〇〇五年，拉赫蒙貝爾迪・埃爾納扎羅夫（Rakhmonberdi Ernazarov）在吉爾吉斯被控性侵前女友的父親而入獄。他與其他六人被關在一間三十平方英尺的牢房裡，禁止家屬探視，他也只跟律師會面過一次。數週後，他被發現死於身體外傷。

在驗屍報告中，埃爾納扎羅夫的死因是自殺，但他的兄弟馬馬特卡里姆（Mamatkarim）對此表示懷疑。一名獄警告訴家屬的律師，獄友一聽說埃爾納扎羅夫的罪名是性侵另一名男性，他就「持續遭到凌辱」。獄警聲稱，埃爾納扎羅夫「被迫在便器旁吃飯、睡覺，個人餐具被獄友破壞，使他難以用餐，還被迫以金屬餐具自殘」。馬馬特卡里姆表示，獄警明知埃爾納扎羅夫被虐待，卻沒有阻止。後來，總部位於波士頓的「人權醫師」（Physicians for Human Rights）組織，對埃爾納扎羅夫自殺的判決表示懷疑。①

另一個案例是，一九九八年，一名為了自保而匿名為Q的伊拉克籍文盲，逃離薩達姆・海珊（Saddam Hussein）統治的母國，前往丹麥尋求人道庇護，Q及家人一同獲得了丹麥政府發放的居留許可。後來，體檢證實他曾遭受酷刑，並罹患了創傷後壓力症候群（PTSD）。

二〇〇五年，Q申請丹麥公民身分，但因為沒能完成丹麥文化與語言訓練而遭拒。根據該國的方針，具有身體與精神殘疾的申請人士，都可以免除語言方面的要求，但這些規則並不包括患有創傷後壓力症候群者。丹麥政府拒絕了Q的申請，他擔心全家人居無定所。②

最後一個案例是，白俄羅斯國立大學前校長暨教育部副部長亞歷山大・科祖林（Alexander Kazulin）。二〇〇五年三月，科祖林成為白俄羅斯社會民主黨（Belarusian Social Democratic Party）主席。隔年，他競選白俄羅斯總統，公開譴責自一九九四年起由亞歷山大・盧卡申科（Alexander Lukashenko）掌權的獨裁政權。

二〇〇六年三月大選前夕，科祖林以黨代表之一的身分前往立法院，卻遭到身分不明的特工毆打，隨後被扔進警方的廂型車裡。他被迫坐在兩個座位之間，屈身且頭部緊貼雙腿，還被自己的血嗆到。

後來，科祖林參加了在首都明斯克（Minsk）舉行的全國自由日（Freedom Day）集會，和其他與會者一同朝監獄遊行，聲援拘禁其中的政治犯。士兵試圖以警棍、煙霧彈與閃光彈驅散人群。科祖林再次遭到警察毆打，隨後被控以流氓罪及公共秩序罪。

在一場不公正的審判中，科祖林被判處五年半的流刑，不僅生活條件惡劣，還被剝奪了基本醫療、與律師或親友聯繫的權利。③

這些案件均由負責監督政府如何對待國民的國際機構之一「聯合國人權委員會」審查。委員會所做出的結論，判定吉爾吉斯、丹麥及白俄羅斯政府侵犯了這三個人的人權。④

新舊概念的衝突

從某種意義而言，這種衝突與人類的歷史同樣悠久。自古以來，政府就會濫用權力，古代信仰體系則以要求統治者遵循高公義標準來因應此情況。兩千多年前的孔子（約西元前551~479年）試圖解釋政府必須遵循正義（義）和正直（信）的原則。他鼓勵官員秉持仁愛（仁）的胸懷，以仁慈且人道的方式行事。⑤

僅僅一個多世紀以後，亞里斯多德（西元前384~322年）也警告：「激情會扭曲統治者的思想，即使是最優秀的人也不例外。」而公正的法律則是「不受欲望影響的理性」。⑥在古典伊斯蘭教中，「正義」的概念要求群體中的所有教徒在法律面前一律平等（公平交易）。⑦十三世紀的聖多瑪斯．阿奎納（St. Thomas Aquinas, 1225~1274）寫下了為什麼「人類的法律應該與共同福祉相稱」的理由。⑧佛教、印度教、耆那教與道教的教義中，都有因果的概念，供人們判斷行為（包括統治者的行為）是公平還是不公平，有益還是有害。⑨

然而，從另一種意義而言，埃爾納扎羅夫、Q及科祖林的故事都算新穎。傳統上，政府與其治下人民之間的關係被視為內政。⑩直到二十世紀，專家們才開始將這種關係視為國際法的關注焦點。⑪

第二次世界大戰結束後，一群知名外交官齊聚一堂，探討是否能定義出全人類共有的價值觀。美國的愛蓮娜・羅斯福（Eleanor Roosevelt）、黎巴嫩的查爾斯・馬利克（Charles Malik）、中華民國公使張彭春、法國的勒內・卡森（René Cassin）、印度的漢莎・吉夫拉吉・梅塔（Hansa Jivraj Mehta）等人齊聚一堂，起草了《世界人權宣言》（Universal Declaration of Human Rights），並於一九四八年由聯合國大會通過。[12]我將一再提到這部宣言，其內容請參照本書的附錄。

《世界人權宣言》用簡單的語言陳述了基本原則。例如，根據第五條：「任何人不得加以酷刑，或施以殘忍的、不人道的或侮辱性的待遇或刑罰。」根據第七條：「法律之前人人平等，並有權享受法律的平等保護，不受任何歧視。人人有權享受平等保護，以免受違反本宣言的任何歧視行為以及煽動這種歧視的任何行為之害。」

可以確定的是，愈是深入思索這兩則看似簡單的條文，它們就顯得愈複雜。當工作者如此貧窮、工資如此之低，最終仍對不講道德的雇主心存感激時，是否還算是奴役？如果富人負擔得起更好的法律服務、如果男性在法庭上的證詞比女性的更受到重視，那麼「法律之前人人平等」是否真的算數？

對某些人而言，這類問題暴露了人權概念的嚴重缺陷。他們認為，人權是以開放性語言定義的，大家要怎麼解釋它都可以。[13]當然，《世界人權宣言》中列出的權利，涵蓋了人類生活的廣泛領域。要陳述得如此簡潔，就無可避免地得依賴通俗語言。

《世界人權宣言》談到了所有人的「固有尊嚴」、「人類的良心」或「社會進步和生活水準的改善」，但這些概念有什麼明顯的含義？不同的文化會不會對它們有極為不同的看法？不久前，美國的法院還在保護奴隸主蓄奴的權利，[14]但如今人權法已經禁止蓄奴。[15]「權利」的概念本身，並不會讓一種詮釋顯得不言自明，而另一種詮釋顯得不可思議。權利的延展性，還有以相互衝突的方式來解釋這種概括性詞彙的可能性，會不會排除了「人權」具有任何可靠定義的可能性？

當然不會。《世界人權宣言》對權利的定義，和我們在許多司法制度中看到的規範一樣柔軟。歷史上的司法制度，都建立在能以相互矛盾的方式解讀的一般詞彙，所建構而成的價值觀上，例如「公平」、「合理」、「尊重」、「尊嚴」、「榮譽」、「體面」、「實用」、「審慎」、「福利」、「需求」、「進步」、「理性」、「公共福祉」、「集體福祉」或「正義」。

這裡有一些簡單的例子。我們讀到一位弟子問孔子「應如何事君」。孔子回答：「勿欺也；而犯之（不要欺騙他，唯有如此你才能進諫忠言）。」[16]但如果這位君主很專橫，並且會根據臣子所提供的信息而採取殘酷的行動，該怎麼辦？或是基督教聖經中一則著名的教誨說：「不要與惡人作對。有人打你的右臉，連左臉也轉過來由他打。」⑰然而，「默許」不是導致政權殺戮及迫害數百萬人的元兇嗎？

人權的問題不在於定義含糊。如同那些古老的傳統，人權也擁有專屬的詮釋工具。如果人權會因開放性的詮釋而失效，那麼其他所有司法體系都會與它一起失效。《世界人權宣言》的起草者知道這些簡短條文無法解決所有未來可能出現的複雜爭議，僅將它視為第一步，「努力實現的共同標準」。⑱

但是，那些古老的傳統，像是儒教、基督教、伊斯蘭教等，究竟出了什麼問題？事實上，在歐洲啟蒙運動之後，出現了各種承諾自身更能實現正義的「主義」：自由主義、資本主義、功利主義、社會主義、自由意志主義。那麼，人權有哪裡不一樣？

什麼是人權？

在某些國家，例如美國，人們不常使用「人權」（人類權利，Human Rights）這個詞，但在歷史上，沒有任何國民在成長過程中被灌輸的人權意識，比美國人的更強。美國一些最令人擔憂的衝突，都是為了人權而爆發的，包括關於種族平等、宗教自由、性別歧視、死刑、墮胎、同性婚姻、警察暴行及槍支管制的對決。很少有美國人能背誦一七九一年的《權利法案》(Bill of Rights),[19]但大眾意識往往比條列的法規更有效。[20]

在其他國家也是如此,人們可能不常使用「人權」這個詞,但這種思想已經遍及全球。一九八九年,全世界都目睹了中國的天安門廣場抗議活動,隨後是德國的柏林圍牆倒塌,然後是羅馬尼亞的蒂米什瓦拉(Timi oara)起義。南非種族隔離政策的廢除、阿拉伯之春、遍及全球的占領運動(Occupy movement,註:反對大公司介入政治等)、黑人的命也是命、香港的雨傘革命、延燒全球的Me Too運動,以及從智利到緬甸的街頭抗議,在某種意義上都屬於人權運動。

當今世界上幾乎所有的重要問題,包括貧窮、種族主義、性別歧視、虐童、環境污染、人口販賣、軍備控制、醫療保健、企業權力、政治迫害等,都涉及人權。一九九〇年,隨著冷戰的結束,哥倫比亞大學教授路易斯・亨金(Louis Henkin)宣稱人權是「我們這個時代的理念,是唯一得到普遍接受的政治道德理念」。[21]他說得對嗎?如今,整個地球是否生活在一個單一、無所不包的正義法典之下?是否應該如此?

言論自由

在本書中，我將證明當代國際人權體系已經失敗。我將透過探討先前提出而許多專家認為早已解決的問題，來印證這個論點。我將從零開始探問：什麼是人權？

我當然不是第一個譴責當前國際建制的人。有些專家從很久以前就將它們貶為腐敗且效率低落，其他人將它們視為西方宰制的工具：富裕的資本主義國家譴責其他國家，藉此閃避為自己的暴行負責。即使是那些支持現行建制的人也承認，它們通常做不了多少好事，因為長年資金不足，而且最暴虐的國家往往不願意配合。[22]

這些論點都引起了極大的關注，但它們不會成為我的直接焦點。事實上，我認為那些專家根本沒有真正談論過人權。《世界人權宣言》簽署數十年後，我們見證了無數的人權相關文件，以及由聯合國與其他監督機構所組成的錯綜複雜網絡，但就整體而言，國際制度在意義上並不能被稱為人權制度。我很樂意至少如其「書面文字」的期望，稱它們為「人類福祉制度」或「人類憐憫制度」，不過，若將目前的建制精準地稱為「人類管理制度」則會更好。[23]我在本書中將如此描述它們。它們的唯一功能，就是如同牧羊人看顧羊群般，監控各種福祉的給予，讓任何權利概念變得多餘，或者更確切地說，僅剩下修辭上的意義。

當前的國際制度肯定會引用《世界人權宣言》等文件，來確保人類福祉（human goods），例如公平審判或法律下的平等保護，然而，我必須解釋「國家管理人類福祉的制度」與「可供公民追求人權的制度」之間有很大的差異。沒錯，埃爾納扎羅夫、科祖林與Q確實得到一些幫助（雖然對埃爾納扎羅夫而言，這些幫助在他死後才出現），但並非來自任何可以被稱為「國際人權建制」的組織。

事實上，大家都知道，當前的國際制度都被冷漠地視為基督教或儒教、佛教或伊斯蘭教、資本主義或社會主義的服膺者。畢竟縱觀歷史，司法制度一直在承擔著對抗任意殺戮、酷刑、糧食匱乏等問題的惡。然而，如果我們當前的人權概念就只能做到這些，那麼它們還能做到哪些其他制度無法做到的事？當然，人權與其他司法模式之間有許多重疊，但我的問題並不是人權能做哪些其他制度也能做的事，而是：**人權概念能做哪些其他司法制度從未做過的事**？如果我們無法回答這個問題，就很難解釋為什麼我們要重視人權了。

那麼，我的問題是：人權作為一種司法制度，有什麼特別之處？**我的回答是，唯一能將由政府管理的人類福祉，轉變為以公民為對象的人權，就是言論自由**。為了建立一個人權制度，言論自由不能僅僅被當作《世界人權宣言》條目中的一項權利。如果「人權」要具有任何不同於「純粹管理人類福祉」的意義，那麼在安全且穩固的公共領域內的言論自由，就是人權的存在不可或缺的先決條件。

「言論自由為人權奠定了重要基礎」的這個想法，其實並不新穎。一些專家會說它是理所當然且微不足道，其他人則會說它顯然是錯誤的。一個典型的回答是：「要追求自己的權利，我們當然需要言論自由，但我們也需要食物、水、醫療保健、公平審判及其他許多東西。要是連肚子都填不飽，我們就很難為自己的權利而戰。」也有些人會爭辯，如果沒有所有或大部分的其他權利，《世界人權宣言》中所明定的所有或大部分權利就不可能得到保障，因此不能說有任何一項權利建立了其他所有權利。他們承認，言論自由與其他福祉一樣重要，但拒絕任何認為「言論自由更重要」的看法。㉔

不過，我的觀點並不是在說，言論自由比生命、免受酷刑、公平審判、食物及飲水的保障等其他福祉更重要。如果我在森林裡獨居，食物和飲水就遠比言論自由更重要。我的目的並不是比較各種人類福祉孰輕孰重，而只是想問，「人權」這個保障人類福祉的手段有什麼獨特之處？是什麼將人類福祉轉變成人權？

許多司法制度，包括隸屬於基督教與儒家、佛教與伊斯蘭、資本主義與社會主義的制度，都承認人類需要食物、水、最低限度的合宜待遇，以及其他類似的生活所需。同理，每一種理想的司法模式，都以某種程度的溝通為前提：必須將基本的行為規範傳達給社會的所有成員，統治者必須以某種方式了解人們的需求與不滿。

從這個意義上而言，所有司法制度都以某種方式與溝通有關。但我必須說明，若不是建立在言論自由的基礎上，人權的概念就不會有任何明確的意義；此外，這需要民主，而且是一種高度參與的民主。同樣的，有些人會認為這些觀察都不是新的，但當前的國際制度肯定沒有反映出它們，並且會極力削弱它們。

公共領域內的言論自由，是唯一能使人權有別於其他司法模式的因素。因此，今天可以根據人權相關標準進行有意義評價的國家非常少。大多數國家充其量只是管理福祉的體制，而且可悲的是，這正是當代國際「人權」體制所採用的模式。想像一下，有人聲稱：「X國在言論自由上或許表現不佳，但在減少酷刑及個人隱私的侵犯方面表現良好，在醫療與居住水準方面也有所提升。」這種話在聯合國走廊上每天都能聽到。

然而，這顯示大家完全不知道什麼是人權，或者「公民導向的人權」與「管理人類福祉的體制」之間有什麼區別。對於數十年來發表的數百萬頁演講、官方報告與學術研究，即使將其中的「人權」一詞替換成「人類福祉」，其含義也不會有任何改變，可見得當今國際上廣為使用的「人權」一詞缺乏實質意涵。

大多數人是想追求人權，還是僅想享受最基本的福祉，答案是顯而易見的。㉕沒錯，近年的抗議者經常提出人權上的要求，但實際上他們的許多同胞從未響應。誠然，大多數人會對其他社會群體的不滿表示同情，對於遭受不公待遇的群體也是如此。但一些公民不僅不感到同情，反而還可能對其他群體的主張感到惱火。

那麼，我不該問：「人權是否為當今或未來的所有社會提供了最好的政治模式？」而是該問：「如果我們想要擁有人權，必須發生哪些事？」要探討這個問題，我必須先回顧一些歷史背景。雖然我認為目前的國際建制完全不關照人權，但我將基於大眾的習慣而繼續使用「人權」一詞，㉖我也將在第五章和第六章闡述替代方案。

一些懷疑論者也會蹙眉反問：「瞧瞧美國，這個言論自由的偉大堡壘。它不僅遠非模範民主，還在國內外持續侵犯人權。」出於這一點及其他原因，我將數度討論開創了當代個人權利思想、但往往較擅長說教而不是實踐的美國。

不過，這種反對意見都抓錯了重點。我的論點是，言論自由為人權打下了必要的基礎，只是這個基礎並不充分。我們不會在言論相對自由的地方找到對人權的尊重，但確實發現了相反的情況：在極少數堪稱擁有貨真價實且穩固的人權體制的國家中，總是能看到安全且穩固的言論自由空間，在茁壯的民主制度下蓬勃發展。㉗

誠然，如今言論自由似乎充滿了危險性。有些人在社群媒體筆戰後療傷時，可能會覺得世界上的言論自由過度氾濫。更多的言論自由，真的可以保障人權嗎？不實、危險、仇恨性及挑釁性的言論，似乎對有見識、有能力的公民追求人權的理念，造成了威脅，因此，言論自由的限度也是我將討論的問題。

本書必須在不同類型的讀者之間取得平衡。對於不熟悉人權的讀者，本書的任務之一是勾勒出背景（第二章與第三章），並闡釋目前的體制與其運作方式的一些基本知識（第四章）。這些基礎知識是不可缺少的，因為唯有參照本書前半部的內容，才能理解我所提出的替代方案（第五章和第六章）。

對於已經熟悉人權的讀者，相信各位已經打下了扎實的基礎，但我仍希望各位能從本書讀出一些見解。同時，在第六章中，我將帶領讀者複習一些言論自由的基礎知識，該領域的熱中者應該很熟悉這些內容，因此我的討論會力求簡明扼要。

Chapter 2

什麼是「人權」所指的「人」？

WHAT IS THE "HUMAN" OF HUMAN RIGHTS?

所謂的「人權」，預設了一種特定的人的概念。儘管聯合國的文件大肆吹噓自己的宣言代表了一種「普世」的價值，但肯定沒有反映出歷史上對人的主流預設。在早期，個人的權利、義務、特權，取決於他們的社會階層、種族、性別或其他身分，這些身分決定了他們將嫁娶誰、服從誰，以及其他生活的基本要素。個體的人在很大程度上是由這種連結所定義的。一些古老的信仰體系的確曾宣揚抽象的平等理念，但在大多數情況裡，綜觀歷史幾乎沒有多少眾生平等的社會存在的證據，尤其在規模較大的文明裡往往維持著強烈的階級分化。

換言之，「人權」預設了一個歷史上鮮少存在的「人」的概念，也預設了某種「人人平等」的基本道理，而「生而為人」就是每個人的基本屬性。這一點在本書接下來的內容將變得至關重要，因為人權體制不可或缺的言論自由，必須至少包含足夠的公民平等，以確保所有公民都可以在公共領域公開發言，不論在現實中還是網路上。

在本章，我將藉由比對「公民平等主義」（civic egalitarianism）與「公民差異主義」（civic differentialism）的歷史規範，梳理出公民平等主義在近代史中的預設；而公民差異主義認為，人的義務與自由是由社會地位所決定的。[①]接著，我會將差異主義與管理主義（managerialism）做連結；管理主義指的是提供物資與服務，但不承認個人人權等權利的政府。相對的，現代的人權概念，則是以足夠的公民平等主義為前提。

公民差異主義與公民平等主義

「你們作僕人的，要懼怕戰兢，用誠實的心聽從你們肉身的主人。」寫於耶穌基督歿後數十年的《以弗所書》中如是說。[②]對今天的許多讀者而言，這種話彷彿是在為壓迫辯護：「你們作妻子的，當順服自己的丈夫，如同順服主。」[③]縱觀歷史，我們會發現，信仰體系都是以世界的自然或神聖次序來劃分社會階級。

還有另一個古老的例子。孔子說：「唯女子與小人為難養也！近之則不遜，遠之則怨。」（女子與小人難以對付。太親近了，他們就會失禮；太疏遠了，他們就會怨恨。）[④]對今天的讀者而言，這些話聽起來充滿了性別歧視與階級歧視。耶魯大學歷史學家金安平說：「這句話讓孔子在二十世紀的女性議題上陷入嚴重困境。許多人為此指責他厭女。」[⑤]前述文章的目標讀者是孔子時代的人，他是一位男性家長，既是妻子的丈夫，孩子的父親，也是僕人的主人。

二十世紀的中國改革派，也對某些人眼中的「儒家對女性的無情鎮壓」提出了批評。[⑥]這種鎮壓的例子之一是，比孔子晚一千年、宋朝的程頤（1033~1107）曾經在一篇經典著作中寫道：

問：孀婦於理似不可取，如何？（死掉老公的寡婦，按照義理似乎不能再娶，您怎麼看？）

曰：然。凡取，以配身也。若取失節者以配身，是己失節也。（是的。娶妻是要來配自己的，如果你娶了一個失掉氣節的人來配自己，就表示自己也失節了。）

又問：「或有孤孀貧窮無托者，可再嫁否？」（寡婦貧苦無依，能不能再嫁？）

曰：「只是後世怕寒餓死，故有是說。然餓死事極小，失節事極大。」（有些人怕凍死餓死，才以飢寒為藉口，但餓死事小，失節事大。）⑦

然而，不論是古代還是當代的司法制度，很少完全屬於差異主義或平等主義。任何制度隨著時間的推移，都會發生分歧與變化。例如，清朝理學家張伯行（1651~1725）就刪除了程頤的言論。即使對許多保守派而言，執意要寡婦守貞，似乎也過於極端。⑧

人們一看到不合理或肆意妄為的不平等待遇，都會積極反對，但對於什麼是不合理或肆意妄為的判斷標準，在不同時代都有差異。然而，基督教及儒家文獻都透過依照性別與階級區分社會行動者（social actors），來為差異化背書。男性家長必須遵循一種行為準則，其妻子必須遵循另一種行為準則，而僕人必須遵循又一種行為準則。

有一種與差異主義交織在一起的模式，我稱之為「階級性集體主義」（hierarchical collectivism）。一個人的道德取決於其社會地位，而這個社會地位反過來又取決於一個人在階級性群體中的角色，例如種姓、階級、氏族、教派、親屬或社群等，一個人被認為應該終生對這些群體盡義務。

相比之下，平等主義則與個人主義較有關係。《世界人權宣言》中所有人類共享一種道德規範的理念，源自對人類擁有自主選擇及行動能力的願景。當然，家庭和社群仍繼續扮演著重要的角色，許多專家認為，人權的作用是強化而不是推翻這些人際關係及社會紐帶。[9]

然而，關鍵的是，人權為這類關係預設了一種更平等的立足點，賦予其中傳統上較為弱勢的成員更多自主權。人權以平等主義及個人主義為前提，必須保障個人能在不受政府、神職人員、酋長、父親或其他傳統權威人士阻礙的情況下，維護自己的權利。這些概念之間的關係如圖2.1所示，其中的實線表示在歷史中的大部分時期相互暗示的概念，虛線則表示相互排斥的概念。[10]

圖2.1：差異主義和平等主義

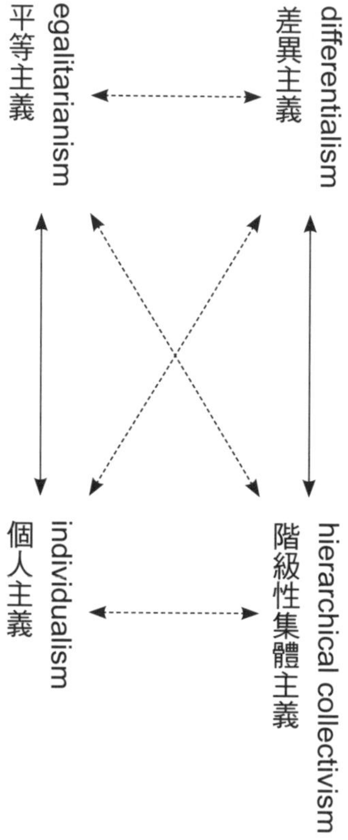

古代文獻不太會明確指出一個法律秩序的背景，但通常都會有所預設。古代社會的法律，通常是地方性、習慣性、不成文的，與較廣泛的倫理、文化和政治緊密連結。社會關係會將法律明定的階級制度正當化，而階級制度也會反過來鞏固社會關係。⑪由於許多語言無法被簡單地轉譯，「權利」概念是否存在，或是以什麼樣的意義存在，是一個棘手的問題。在許多社會，家長對家人行使權威，也算是一種「權利」，但是，家人能對家長（更不用說更高的權威）行使的個人權利，通常並不存在，即使存在也相當有限。

即便儒家沒有提到法律本身，但它對統治者與官員還是有一定的期待。我們來看另一段：齊景公問政於孔子。孔子對曰：「君君，臣臣，父父，子子。」（君要盡君的本分；臣要盡臣的本分；父親要盡父親的本分；子女要盡子女的本分。）⑫在這裡，一個人的法律與道德義務，同樣取決於他所屬的階層，這也反映在以下這段訓誡中，「不在其位，不謀其政。」（不在那個位置上，就不要想那個位置上的事。）⑬孔子當然有考慮到人們的福利，但從未提及他們的「權利」。相反的，這些文章強調的是人在流動性的法律與道德下的義務。⑭

儒家的政府概念是管理性的，因為它不需要任何類似基本個人權利的東西。順帶一提，我之所以特別關注儒學，是因為它提供了先進管理思想的早期書面語料庫。我們必須認真看待管理主義，因為歷史上大部分時期都沒有人權的概念，即使到如今，如果大多數人認為自己不需要人權就可以滿足需求，很可能就不會想要擁有人權。

以上的《論語》內容，如同其他傳統教義，乍看似乎強調自發性的道德高於強制性的法律。然而，數千年前也跟現今一樣，要是忽視了「純粹」的道德建議，也可能產生法律上的後果，因此這兩個領域不可輕易分而視之。例如，當時的家庭規模，通常比現今的核心家庭更大，如果家中的動盪外溢而侵犯到鄰居成員，從而導致人身或財產損失，可能就會面臨法律糾紛。在倫理與法律、私人與公共領域之間，並沒有固定的分界線。⑮

現在，我們來初步探討「言論自由」必須為人權發揮的獨特作用。《世界人權宣言》中明定的許多福祉，原則上可以存在於本身具有差異性的社會中，並且可以在沒有任何個人權利概念的情況下運作。簡單的例子就是：尊重生命，避免酷刑等不人道待遇，或保障糧食、淨水或醫療。的確，確保從屬階層至少享有足夠的這類福祉，以使他們能完成基本任務，通常符合統治者與男性家長的利益。

推而廣之，保證公平審判等理想，在邏輯上也可與一個極度差異化的社會並存，即使在歷史上很難找到以下這種例子：在審判的實踐上，統治階層與從屬階層的成員享有同等權利且公正。⑯諸如普及初等教育和宗教自由活動等其他福祉，原則上在具有高度差異化的社會中也是可行的，即使一些當權者或許會為了這些福祉可能激發了公民思想自由的政治風險而感到憂心。

這種猶豫將我們引向一個明顯的例外。除了「公民平等」本身之外，「公共領域內所有人的言論自由」也被證明不相容於以明顯的差異主義路線所構建的社會，因為傳統上對於階級與層級之差異的尊重，就意味著個人通常不享有公開批評社會上層的自由。

在強固的差異化社會中，不僅是從屬階層，就連統治階層成員也普遍缺乏完全自由的發言權。當路易十四心情不好時，就連奧爾良公爵（Duc D'Orléans）也得審慎說話。誠然，歷史上的各帝國及君主制國家，包括中國、波斯、羅馬、波旁（Bourbon）王朝、日本、普魯士、哈布斯堡（Hapsburg）王朝、鄂圖曼帝國等，都有相對自由的時期。

然而，如同我稍後將論證的，人權概念所預設的言論自由度是：一個政府不會今天允許言論自由，明天又收回它，甚至懲罰發言者。⑰

然而，一個謎團仍然存在。有鑑於公民有權參與公共討論的前提，是具有足夠程度的公民平等，那麼在人權上扮演關鍵角色的並不是言論自由，而是公民平等嗎？當然，「公民平等」仍然是人權所不可或缺的，而且它首先是以一個歷史問題的形式出現，但稍後我才能解釋為什麼它不比「言論自由」更關鍵。⑱

傳統哲思的歧義性與適應性

我們再看看《論語》的另一段內容：「非禮勿視，非禮勿聽，非禮勿言，非禮勿動。」（違反禮法的事不要看、不要聽、不要說、不要做。）⑲「禮」不僅指在儀式場合中的行為，也是日常行為中的典範。[20]這段訓誡當然保留了其他段落所宣揚的大部分精神，講的似乎也是自發性的道德義務，卻隱含法律的意涵，建議我們為了自己，應避免欺騙、惡意或輕蔑的言行。

然而，就另一層意義而言，這段內容與前面的內容不同，並沒有提及社會地位。家庭或社區可能會遭受任何人的敵對或不利行為，無論他們是男性還是女性，屬於上層還是下層階級。《論語》的目標讀者很可能是上層階級的男性，但孔子從沒說過任何人的肆意妄為可以被合理化。因此，將儒家倫理學視為無可救藥的差異主義是錯誤的。儒家與其他傳統一樣，在差異主義與平等主義之間，維持著錯綜複雜的平衡。例如在《論語》中也會讀到：「有教無類。」（教育他人時，〔應〕摒棄對階級與〔社會〕類別的一切成見。）[21]在一個把教育較低社會階層的人視為徒勞或危險的社會裡，這段訓誡預示著一個重要的進步。

有些人會認為，這種平等主義與差異主義之間的矛盾，證明了宗教的不一致性。然而，我們先撇開儒家思想等傳統的倫理及政治思想，是否可被歸類為「宗教」的問題不談，其實「世俗」概念同樣也受到不同學派與教義的影響。在下一章，大家將會看到，有關基本權利的概念也會被以相互矛盾的方式詮釋。

這些錯綜複雜的平衡，證實了為什麼古代的信仰體系不能輕易地被歸結為正統信仰。這類體系的不同追隨者，會以不同的方式取得平衡。這種複雜性揭示了信仰體系如何隨著時間的推移而變化，以適應新的挑戰。在任何特定時期，我們經常會發現對早期規範與實踐的不同解讀，以及正式規範與實踐之間的差異。一個傳統要凸顯的是「差異主義元素」還是「平等主義元素」，通常取決於更廣泛的政治與社會環境。

此外，正如二十世紀哲學家漢斯－格奧爾格．伽達默爾（Hans-Georg Gadamer）所觀察到的，早期的詮釋不一定就是比較接近原意的解讀，後世的詮釋也不一定比較背離原意。這些詮釋往往不是古代規範所產生的直接後果，而是在不同時期中最具說服力的解釋。例如，基督信仰中的新教較晚出現，並不意味著它宣揚的教義不如羅馬天主教有說服力。㉒

如今，許多中國人追求更多階級流動性與性別平等，但對公民平等主義的追求，並不一定會與儒家對社會和諧的追求相悖。在這方面，新的概念將把儒家思想詮釋成比早期的解讀更符合人權，讓這古老的傳統也能如其他傳統般與時俱進。㉓

古希臘也讓我們想起差異主義與平等主義的司法制度之間的複雜關係。在著名的對話錄《美諾篇》（*Meno*）中，柏拉圖（約西元前428~348年）探討了什麼是美德（aretē），以及如何獲得它。出身於色薩利（Thessaly）地區菁英家庭的美諾，在造訪雅典時求教：「請你告訴我，蘇格拉底，美德能教嗎？或是，美德是透過實踐得來的？或是，美德既不是透過教導，也不是透過實踐得來，而是人與生俱來，或是以其他方式得來的？」[24]蘇格拉底沒有直接回答。他探討了這個問題本身，認為我們無法知道如何得到美德，除非先問一個問題：「美德是什麼？」美諾以古代常見的差異主義倫理的角度回答：

> 男人的美德是能夠管理國家事務。（女人）要照料家庭，保護財產，順從丈夫；男孩或女孩的美德則有所不同，老人的美德也是如此，就連自由人或奴隸也有各自的美德。[25]

這個回答似乎很完整，但蘇格拉底並不同意。美諾列舉了各種美德，卻沒有定義它。蘇格拉底提議兩人一起找出一個定義，但美諾很快就發現自己不知所措。同樣的，如同「正義」或「公平」，試圖定義「美德」這種抽象概念時，我們經常會陷入僵局。但蘇格拉底靈機一動：「我聽過一些男女談論神聖的事物。」[26]他似乎看見平等主義在對他眨眼，引用了因正直而受到尊敬的男女所說的話。[27]他暗示了，只要身為人，不論身分或背景如何，都能獲得某些類型的知識。

然後，他又朝平等主義邁進一步。在傳統的差異主義倫理下，僕人的工作被認為是卑微的、非知性的。但蘇格拉底詢問美諾的一名奴隸，證明了他執行複雜知性工作的能力並不亞於其主人。與標準的希臘差異主義相反，蘇格拉底將奴隸也視為理性的人，在人類的本質上與主人平等。[28]柏拉圖的平等主義所具有的另一個象徵性特質，是他在《理想國》（*Republic*）裡呼籲應普及初等教育，這在古代是一個前所未有的概念，對後世的啟蒙思想家也造成強烈的影響。[29]

綜觀柏拉圖的所有著作，他並未完全駁斥美諾的差異主義觀點，可見得他並不是個熱心的平等主義者。在《理想國》中，他採用了自己嚴厲的階級觀，儘管他表示這依據的是個人價值，而不是像美諾那樣承襲了自古盛行的階級劃分。柏拉圖也跟孔子一樣有著複雜的面向，同樣不能被直截了當地貼上「差異主義者」或「平等主義者」的標籤。我們會發現，他們兩位都提出了一種複雜的混合，不僅反映了所屬時代的價值觀，同時也在尋求進步。

儘管柏拉圖朝平等主義邁出了一步，但他在《理想國》中所構思的模範社會，仍然在重點方面劃分公民的階層。他主張，應該由一批才華橫溢且經過精心栽培的「哲人領導者」（philosopher ruler），在菁英階層的「衛士」（guardian）輔佐下，對民眾實施完全統治。社會中不會有選舉，人們的角色一經確定，就維持不變。每個人都遵循自己所屬階層的道德，例如，領導者就該遵循柏拉圖認為適用於統治階層、但不適用於其他人的準則，以嚴格的規範管理自己的行為、生活方式及獲得財產的管道。女性也有資格晉身衛士階層、成為哲人領導者，儘管柏拉圖推測女性的人數應該會少於男性。

總之，柏拉圖掌握了希臘差異主義的彈性，又導入一些平等主義的特質，試圖將人們在生活中的地位與其能力相連結。然而，他在《理想國》與其他著作中所宣揚的政府模式，並無意消弭階級差異。㉚柏拉圖的《理想國》也是典型的管理型思想。統治階層必須為所有人謀福利，但沒有人有權反對統治階層。

當然，我對儒家也有同樣的看法，但不認為這兩者雷同，而是有著天壤之別，這也證明人類已經發明了無數種管理規則，而且直到今天仍在持續發明。

在亞里斯多德的論述中，也能看到差異主義與平等主義兩種路線。亞里斯多德否定柏拉圖對於「統治階級」和「被統治階級」的劃分。就這一點而言，他朝著傾向平等的政治與法律秩序邁出一步，但在其他方面，他拒絕了其老師的一些創新。在亞里斯多德的理想社會中，所有公民都可以參與政府事務，因此他們「在統治的同時也反過來被統治」。㉛但是，公民階級只包括自由男性。對亞里斯多德來說，大自然的定律是男人統治女人，主人統治奴隸：「奴隸是活資產」，㉜缺乏任何「深思熟慮的能力」。㉝公民階級的女性很可能擁有理性，但她們缺乏「權威」。㉞

然而，現今的學者大多將這種差異化因素，解讀為古雅典晚期社會情況的反映。他們認為，亞里斯多德的政治與倫理學依然有許多值得學習的地方，但已經沒有任何權威專家仍認同唯有上流社會的男性才能熟讀這些文獻，並成為成熟的公民。[35]

看過這些基督教、儒家與希臘的先例後，我得強調自己是以人權的角度介紹這些傳統，在差異主義式的「從前」與平等主義式的「後來」之間劃出一條清楚的分界線，呈現一種經過簡化的線性世界史。

其實，如果一個人對人權有信心，那麼採取的將會是「希望」的角度，而不是「歷史」的角度。可以肯定的是，當今世界上很少有政府官員會到聯合國作證，公開譴責反種族主義及反性別歧視的國際規範，即使他們自己的社會充斥著這類偏見。[36]此外，除了政府官員之外，傳播媒體與社群媒體對保守反動也做出許多強烈的反應，讓人們堅信自己正在走向平等主義的未來。

形式主義與現實主義

除了差異主義與平等主義之間錯綜複雜、不斷變化的混合之外，綜觀歷史，司法制度都具有形式主義與現實主義的傾向。

我在本書所用的「形式主義」，是指被正式授權的實體或個人採用的，具有約束力或權威性的規則與原則。現今這通常代表具有書面形式，但歷史上也包括非書面形式的例子，例如，政治或宗教領袖召集正式集會，並以口頭頒布的規則或原則。由於我的主題是當代人權，將聚焦於書面形式的、特別是《世界人權宣言》所規定的規範。

相對的，我將使用「現實主義」（realism，或法律現實主義〔legal realism〕，又稱現實主義法學）這個名詞，來指稱法律規範在實踐中所採取的含義，也就是關於政府、法院、機關及民眾如何實際遵循、修改、創建或忽視法律規範或實踐。㊲許多政府正式認可《世界人權宣言》，但在實踐上卻嚴重違反其中的規範。

誠然，「現實」（reality）與「現實主義」這兩個名詞有許多含義。有些人用它們來暗示「只有一種現實」，或者「只有一種人類現實」，或者「只有一種感知、詮釋或說明人類事務的方式」。其他人用它們來表示「務實主義」（pragmatism），也就是說，將法律或政策的重點放在物質上可以實現的事物上（大家要務實一點）。還有一些人使用這兩個名詞來表示「準確性」（accuracy），例如，反政府集會參加人數的實際估計，相對於政府公布的數字。當人們一眼就能認出一幅肖像畫中的人物時，這幅畫可能被形容成「寫實」（realistic）。然而，我在本書不會以「現實主義」（或「法律現實主義」）來指稱上述各種情況，只會用於表示那些與「形式主義」相對的概念。

在此，形式主義與現實主義之間的相互作用，也可能是錯綜複雜，而且會隨著時間變化。想像一下，在一個城市公園的入口立一塊寫有「禁止車輛進入」的標誌，一般遊客看到之後，可能會知道不能駕駛或搭乘汽車、公車或廂型車進入，但是，騎自行車與滑板車是否可以？若要嚴格執行，這項規則看起來是絕對性的：自行車與滑板車也是交通工具，應該被禁止。

但想像一下，在立了這塊標示後，人們繼續騎自行車與滑板車進入，警察與公園管理員也沒有表示反對。在這種情況下，該項規則開始從日常實踐中汲取了一部分含義。「禁止車輛進入」的意思，變成了「禁止機動車輛進入」。為了避免混淆，地方當局可以換上「禁止機動車輛進入」的標誌。然而，他們可能會保留目前的標誌，認為它會在公園變得過於擁擠、需要開始禁止自行車與滑板車時派上用場。[38]

同理，若說一個政府遵守《世界人權宣言》中所規定的某些權利僅「流於形式」，是指它僅是「書面上」尊重這些權利，在實踐上卻無視於《世界人權宣言》而去侵犯人權。

因此，我們看到四個因素構成了「人權」之含義的部分背景：除了差異主義與平等主義這兩條軸線之外，這兩者也都能以形式上及實際上的方式呈現，如表2.1所示。例如，方框1展現了形式上的差異主義，也就是司法制度明確採用差異主義規範，可能是正式賦予給男性的權利或特權較多，而賦予給女性的則較少。若該制度被嚴格遵循，那麼它在實際上也會實踐這種差異主義（方框2）。

沒有一個社會完全屬於一種模式，因為形式主義與現實主義提供的是兩種不同的視角，只是在法律運作上彰顯的方向會不同。而且要注意的是，方框2很容易與方框3結合。例如，一個特定的司法制度，可能透過由官方賦予婦女平等權利，在形式上採行平等主義規範，但在政府與社會的實踐中，仍然存在差異主義。

同理，這些描述性的類別也會隨著時間而改變。例如，五十年後，我們可能會發現，第一種社會裡形式上的法律並沒有改變，但婦女在實踐中得以伸張更多自由。在這種情況下，儘管方框1指的仍然是「書面上」的法律，但我們還是可以看到一些平等主義在實際上被實踐（方框4），雖然其中可能仍摻雜一定程度的差異主義（方框2）。因此，這些方框並不是為了將一個社會套入一個固定的模型上，而是提供一個詞彙，來解釋形式上與實際上的規範可能會隨時間的推移出現並持續變化。

表2.1：差異主義與平等主義的基本類型

	差異主義	平等主義
形式上	1 **形式上的差異主義** 差異主義規範被正式寫進法律裡，無論它們實際上是否被實踐。	3 **形式上的平等主義** 平等主義規範被正式寫進法律裡，無論它們實際上是否被實踐。
實際上	2 **實際上的差異主義** 差異主義規範實際上被實踐，無論它們是否正式被寫進法律裡。	4 **實際上的平等主義** 平等主義規範實際上被實踐，無論它們是否正式被寫進法律裡。

同樣的，一些體系在形式上採用了《世界人權宣言》中所規定的平等主義規範（方框3），但在實踐中卻毫不重視（方框2）。事實上，西方民主國家經常被抨擊是僅在法律方面採用形式上的平等主義原則，但在實踐中卻未遵循這些原則。方框4表達的是國際人權的最高理想，也就是透過方框2做為墊腳石，實現了實際的平等，儘管人們對於要確保「實際的」平等所需的確切平等程度，仍然具有強烈的爭議，而且通常會與「最優經濟模型」的爭議相呼應。㊴

迄今，我一直強調「公民平等」與「人權」的不同。然而，一旦做出「形式上的保護」與「實際上的保護」之區隔，就可以套用在任何權利上，如表2.2所示。例如，該表的方框1表示某國可能在形式上不承認「不受酷刑」的權利，但僅憑這一點，不能看出該國政府實際上是否真的有實施酷刑。反之，一個國家可能在形式上承認「不受酷刑」的權利（方框3），但僅憑這一點，也不能看出該國政府實際上是否真的有實施酷刑。

從這兩個觀察結果來看，方框2與方框4的情境是理所當然的。一個國家可能實際上有實施酷刑，無論它在形式上是否承認任何禁止酷刑的規範（方框2）。或許一個國家並沒有實施酷刑，無論它在形式上是否承認任何禁止酷刑的規範（方框4）。同樣的分析也適用於其他任何權利，例如公平審判權、食物權等。當今世界上表現最好的國家，㊵展現出「形式

表2.2：形式上及實際上的權利保護

	無保護	有保護
形式上	1 **形式上無保護** 一項特定權利（不受酷刑、接受公平審判、獲得最低限度的食物等）在法律上沒有得到正式承認，無論在實踐上是否得到尊重。	3 **形式上有保護** 一項特定權利（不受酷刑、接受公平審判、獲得最低限度的食物等）在法律上得到正式承認，無論在實踐上是否得到尊重。
實際上	2 **實際上無保護** 一項特定權利（不受酷刑、接受公平審判、獲得最低限度的食物等）在實踐上沒有得到尊重，無論在法律上是否得到正式承認。	4 **實際上有保護** 一項特定權利（不受酷刑、接受公平審判、獲得最低限度的食物等）在實踐上受到尊重，無論在法律上是否得到正式承認。

上的保護」與「實際上的保護」的穩固結合（方框3與方框4）。最濫權的國家經常自稱遵循形式上的保護，卻違反任何實際上的保護（方框2與方框3）。即使有了這些理論概念，還是必須注意到，方框1的情境在現今主要是假定性的，因為大多數國家都採用「字面上」的保護，不論是否真有提供實際上的保護。[41]

✦✦✦

總結來說，如果沒有公民平等主義所定義的人的概念，當代人權是不可想像的。一些古老的傳統可能採用了形式上的平等規範，但在工業社會之前的日常現實中，階級、層級、性別或其他分類方式，決定了個人的職責與特權。可以肯定的是，「古代」與「現代」都包含了多樣且複雜的模式。

在一些古代社會中，官方規定或普遍盛行的規範，可能在形式上具有差異主義色彩，但日常現實中卻存在著容許不同類別的人接觸的灰色地帶。在當今的世界上，占壓倒性多數的法律體制，確實採用了「字面上」的平等主義規則，但在實踐中卻常常違反了這一點。此外，形式主義與現實主義之間的區別，適用於所有人權。許多國家純粹在形式上保障了免於酷刑、任意拘留、對個人隱私或宗教自由的侵犯之權利，但持續在實踐中違反這些規範。

Chapter 3

個人主義的發明

THE INVENTION OF THE INDIVIDUAL

早在一九五〇年代的去殖民化和反種族隔離運動中，活動人士就經常強調國際人權法中所鼓吹的平等主義，[①]但他們甚少關注其中宣揚的個人主義，即使這兩者是並存的。在大眾的想像中，這兩種價值觀經常被視為是對立的。「平等」帶有解放和社會正義的光環，而「個人主義」往往意味著疏離、自私與冷酷的競爭力。個人主義通常被視為一種西方的價值觀，這與大多數專家試圖將人權解釋成跨文化現象的願望背道而馳。但正如我將在本章中論證的，《世界人權宣言》中所提出的平等概念，是以強烈的個人主義為前提。[②]

人權概念裡的個人主義，並不意味著家庭、社區、宗教及其他類似的群體就這麼消失了，每個人仍將繼續以這些群體的一份子生活。它只意味著每個人即使身為這些群體的成員，仍應享有充分機會追求自身權利，並且在必要時可為了追求這些權利而反抗這些群體。

那些國際組織通過的議案，通常主張傳統文化、社群能與人權無縫銜接。[③]儘管社會團體在歷史上長年限制所屬成員的自由，但專家通常認為只要能放寬這些限制，任何文化都能接納人權的概念。他們主張，團體必須允許個人「選擇退出」他們不想遵循的要求，彷彿這只是輕鬆的一小步。

然而，從「強制性社會連結」（compulsory social bonds）過渡到「自願性社會連結」（voluntary social bonds）的歷史性轉變，並沒有這麼簡單，[④]而且在許多地方從來沒有發生過。⑤倘若沒有饑荒、戰爭等災難，很難想像有什麼轉變能更深刻地打亂人類社會的秩序。

舉例來說，《獨立國家原住民與部落人民公約》（以下簡稱ＩＴＰ公約）⑥旨在凝聚傳統社群的同時也尊重個人權利。它規定原住民有權「全部或部分保留其自身之社會、經濟、文化與政治體制」，⑦但成員也必須「享有」原先很少甚至從未成為這些體制一部分的權利，也就是「在無阻礙及歧視之情況下，充分享有人權及基本自由」。其文本也補充道：「本公約的各項規定應適用於所有男、女原住民及部落居民，不得有任何歧視。」⑧

我絕不會譴責這種發展，這些團體的成員也不會拒絕它，只是想指出「這並非輕微的調整」。⑨例如，北歐的薩米人（Sami）在挪威、瑞典及芬蘭的《ＩＴＰ公約》推廣活動中，就扮演了重要角色。從那時起，雖然LGBTQ+活動人士曾因薩米人社群內的保守主義傾向而猶豫了幾年，但後來也組織了「薩米驕傲」（Sami Pride）及其他類似活動。⑩

這些活動人士當然是在藉此追求所擁護的人權，只是透過了較個人主義、自願主義的角度，其中也包含宣揚自由選擇性伴侶及生活伴侶的權利，重新定義傳統的社會、文化及政治體制。但話說回來，這些北歐國家的公民，數十年來一直在主流文化中享受到人權的好處，至於全世界所有社會群體是否都能像他們一樣樂於接受人權，則仍難以確定。⑪

「人類本體論」（human ontology）是指人類生存特徵的一些概念，其中當然包括了社會群體形塑身分與存在的方式，然而，唯有透過一種將家庭、社群與文化歸納到個人福祉的本體論，人權才會有意義，而且，在某種程度上必須禁止這些實體（家庭、社群等）阻礙個人行使權利。

人權的個人主義本體論，完全顛覆了歷史上對個人與集體之間關係的理解。在本章中，我將探討在歐洲的政治思想中，以自治個體為社會基本組成部分的觀念，例如推翻血緣關係、宗族、種姓、奴役等傳統連結，如何推動了人權的發明。

個人主義與專制主義

從西元五世紀羅馬帝國瓦解，直到十六世紀初的新教改革之後，歐洲幾乎不存在地理上的國界。當時，並沒有現今許多人在成長過程中接觸到的，一個國家以藍色標示、另一個國家以綠色標示、另一個國家以橙色標示的世界地圖。國王、教皇、公爵、紅衣主教、主教、男爵、伯爵、領主，以及其他位階更高或更低的貴族與神職人員，頻繁地爭奪權力；君主也與勢力依然強大的貴族及神職人員競爭。

出身決定命運，因為一個人的地位在很大程度上取決於他所出身的階級。大部分人口貧窮、目不識丁，只能從事體力勞動。擁有政治權勢的女性非常少見，即使有，通常也是出身名門，而且往往只是填補丈夫、父親或兄弟缺席所造成的權力真空。生活遠遠稱不上平等。⑫

新教改革加上穩定的經濟成長，催生了重大變化。君主開始鞏固權力，過程通常充滿血腥。剩餘的貴族與神職人員失去了政治立足點，變得愈來愈不像箝制王權的替代權力，而比較像是臣服於它的行政官員。日益強大的歐洲君主開始接受固定國界與人口的觀念，預示了現代國家（也就是民族國家）的出現，人權觀念就在這樣的世界中誕生。

如今，許多人將人權與民主聯想在一起，我也將這麼做。

然而，現代的民族國家體系早在十六世紀至十七世紀期間，君主透過消滅或吸收競爭對手以集中權力的時期，便已經出現了。

直到宗教改革之後，我們如今掛在牆上的地圖雛形才開始出現，歐洲各國劃分出固定且相互承認的邊界，有各自的定居人口，並且各由某種權力明確或「主權」集中的勢力所統治。⑬

十七世紀的英國哲學家湯瑪斯・霍布斯（Thomas Hobbes, 1588~1679），是預言國家將逐步發展成現代主權體系的先知之一。霍布斯出生於西班牙的無敵艦隊抵達英國沿岸前幾週的英西戰爭期間，他曾打趣地說：「我母親生下了一對雙胞胎：一個是我，一個是恐懼。」⑭

霍布斯在親眼目睹英國內戰（約一六四二年至一六五一年）與歐陸的三十年戰爭（一六一八年—一六四八年）的殘暴後，在一六五一年寫下了著名的《利維坦》（*Leviathan*），提倡以絕對君主制防止社會分裂與國內動亂。

現在，我將更詳盡地介紹霍布斯，但不只是將之視為歷史背景。我稍後將會論證，當前的國際人權體制遠比一般公認的更接近霍布斯主義，讓人不禁懷疑它們是否可以被視為權利體制。

我們先回顧一下霍布斯思想的一些重點。一個簡單的方法是看看《利維坦》的原版卷首（見圖3.1），它畫了一個統治一切生活領域的君主，包括軍事與民事、世俗與神職、城市與農村。請注意這位君主的身體是如何由沒有名字、沒有臉孔、僅有人類身形的海洋匯聚而成的。⑮

它將平等主義導向了反烏托邦式的完美主義。所有公民都是平等的，因為所有人都同樣藉藉無名且棄之不足惜。國家內部不再有排序、階級、行會或位階的區分，只是由沒有任何

圖3.1：霍布斯《利維坦》（1651）卷首

區別的個體所構成。數個世紀後，隨著工業化與城市化，作家們勾勒出巨大社會的樣貌，所有人都被融入龐大群體中遭到遺忘。霍布斯的《利維坦》預先為這樣的世界畫出了藍圖。

為了將絕對君主制合理化，霍布斯首先質問了，沒有法律或政府的生活會是什麼模樣。他把這種無政府世界稱為「自然狀態」（state of nature），⑯其中缺乏了限制任何人行動自由的權威。霍布斯奇妙地以個人權利的角度來描述這種自由：「每個人都有權得到任何事物。」⑰

如果我看到一顆葡萄長在葡萄藤上，就能把它摘下來吃掉。這株葡萄藤並不屬於任何人，因為沒有法律就沒有財產或所有權制度。如果你比我先看到這顆葡萄，那麼你也同樣有權吃掉它。我們可能會為了爭奪它而搏鬥，比較強的人就能得到它。你就算殺了我，也能逍遙法外，因為這個世界裡沒有警察、法庭或監獄。或許我的族人會向你的族人展開報復，你的族人也會報復我的族人，隨此爆發「所有人對所有人的戰爭」，⑱其中「沒有任何事是不正義的」，因為「沒有共通的權力」來決定「對與錯、正義與不正義」。⑲生命將是「孤獨的、貧窮的、骯髒的、野蠻的、短暫的」。⑳我們對一切都擁有自然權利（natural right），但沒有政府可以保護任何東西。

霍布斯向我們保證，那會是個令人厭惡的世界。我們會迫不及待地簽訂一份社會契約，放棄自己的自然權利，將絕對權力集中到一個能維持和平及保障法律的君主身上。㉑霍布斯拒絕代議制，因為他認為這種政府很容易分裂，會將整個社會拖進內亂中。他的絕對統治者，對於所有公民及政府機構握有完全的權力，但公民及政府對統治者則沒有任何權力。

專制主義也有形式上與實際上兩種版本。在羅馬帝國、普丁（Putin）統治的俄羅斯與習近平統治的中國，我們會看到「字面上」的共和國，然而在實踐中，這些政權的全部權力僅集中在少數人手中。霍布斯的絕對主權君主，可以隨意殺害無辜的臣民而不必受懲罰，卻可以懲罰沒有犯任何罪的臣民，可以厚此薄彼、壟斷商業、延長任期、控制或廢除新聞媒體。

說句公道話，霍布斯也敦促統治者不要以如此野蠻、任性或腐敗的方式使用權力。他建議統治者出於自身的利益考量，在賢能官員的輔佐下，採取寬宏大量的開明統治，以維持民眾的支持。㉒但他所定義的絕對主權君主，並不受這些建議的約束。這位統治者可以自由侵犯權利；或者更確切地說，公民社會的成員不再擁有任何權利，除了君主在今天恣意授予也能在明天恣意收回的那些權利。因此，霍布斯的理論如今依然重要：在當今的世界上，公民很可能擁有形式上的、「字面上」的權利，但當政府可以不受懲罰地侵犯這些權利時，人民就完全沒有實際上的權利。

霍布斯是第一個從個人（即一開始就擁有權利的所有個人）㉓推導出法律與政府的重要哲學家。孔子、柏拉圖及亞里斯多德等早期思想家，當然會考慮個人福祉，但沒有這樣的出發點。

然而，霍布斯提出的這個分為兩步驟的策略，顯得遲鈍。他認為，我們在第一步的自然狀態中就已經擁有完全的權利，而這種權利將在第二步的公民社會形成後被排除。如果霍布斯只是想宣揚專制主義，不必大費周章地先給予人們權利，再將之剝奪。反正統治者本來就能隨心所欲地發號施令，這在歷史上已經有許多先例了。但是，他先說每個人都擁有完全的個人權利，隨後又說這些權利可有可無。這是為了什麼目的？

霍布斯不僅希望統治者握有絕對的權力，也希望統治者被視為正當且合法的，不僅能對人民施展權力，同時也為人民所渴望、擁戴，讓他們願意為了君權而做出巨大的犧牲，放棄自己的自然權利。霍布斯堅信，大家都會同意接受絕對統治。直到今天，獨裁政權仍保留議會與選舉的外衣，以製造符合民意的假象，即使大家都知道這其實有多荒謬。㉔在霍布斯之前的基督教思想家，通常會試圖勸告統治者避免濫用權力，當然也曾設想過人類擁有與生俱來的權利，但霍布斯顛覆了這個觀念。在他的模式下，我們都會欣然放棄擁有的權利。

後來，民主逐漸被解釋成「社會契約」，但霍布斯再次寫道，《利維坦》反對任何形式的選舉、代議制或議會政府，遑論全面性的民主。霍布斯的理想政府是管理型的，這也許是它與古代模式共通的一個顯著元素，與孔子及柏拉圖的模式沒什麼不同。尤其是，由於沒有一個統治者可以一對一地統治所有臣民，因此霍布斯計畫建立一個被授與管理權的官員網絡來審慎代行統管，但始終服從於主權者的最高干預權。

還有一點：在逐頁引用《聖經》時，霍布斯實際上將倫理學拉回了完全個人主義的基礎上。在他看來，道德價值觀是沒有客觀方法可以衡量的，因為它完全來自個人的感受與偏好。㉕若是任憑我們自己定奪，大家勢必將為這些問題永無止境地爭論不休。人類事務的裁決權必須掌握在主權者手中，唯有來自絕對權力的解決方案，才能令人信服。

長年來，一直有人對霍布斯做出相互矛盾的解讀。㉖較寬容的解讀者相信，他選擇絕對權威是因為身處動盪時代使然，將他譽為現代自由主義的創始人，並指出他至少將政府定位在假定的公民同意之上。他們也指出，霍布斯呼籲君主應實行開明且仁慈的統治，避免殘暴且恣意地行使權力。㉗儘管霍布斯加上了「主權者可能隨時干預」的唯一條件，但國家會保護個人在安全有序的社會中的自由選擇。這種寬容的解讀，無疑將它視為一種保護及分配人類福祉的管理體制，但沒有賦予公民任何類似人權的東西。

同時，我們也不能忘記有其他解讀者因為這項「唯一條件」，而將霍布斯視為非自由主義者，實際上形同現代極權主義之父，如同現代獨裁者般大剌剌地把民意掛在嘴上，同時又為自己所掌控的，容許運用蠻力恣意鎮壓人民的政權來辯護。[28]

再考慮另一種途徑：在支持霍布斯的解讀者中，政治學家詹姆斯・馬特爾（James Martel）甚至辯稱霍布斯所做的一切，都與我先前描述的相反。馬特爾認為，霍布斯的計畫是戰略性地激發讀者接受激進民主，而不是絕對統治權。[29]

儘管有這麼多種解讀，但我目前的目標不是比較或審查對霍布斯的各種詮釋。如同其他歷史思想家，我的目的只是回顧他們所代表的政治傳統，並探討這些傳統如何為當代人權觀念鋪路。

為了預先為本書中將出現的一些爭論做準備，你可以試著想像一個看似仁慈但專制的霍布斯式獨裁者，宣稱願意採納《世界人權宣言》的大部分內容。[30]我們能否像許多國際專家所主張的，認為今天有幾個獨裁政權在實踐中保障了某些人權？與那些專家相反，我的答案絕對是「不」。

當然，我承認許多民主國家，例如美國，在人權方面的表現可能非常糟糕。[31]同時我也承認，獨裁政權可以提供《世界人權宣言》中許多有形或無形的福祉。但我還是要爭辯，就定義上而言，獨裁政權並不將這些福祉視為權利，無論他們提供得有多慷慨。福祉是有價值的，例如免受酷刑或擁有合宜的住居。權利是對這些福祉的索求權，因此權利預設了索求福祉的真正能力。**這就是本書的主題：如果一個體制中沒有真正的機會，可以讓人民公開索求政府所承諾的福祉，包括透過公開批評及抗議，我就會認為這稱不上真正的人權體制。**對於當今世界的大部分地區，國際組織並不監督「羸弱」、「掙扎」或「有缺陷」的人權體制，或許該說他們根本就不監督人權體制。然而，目前關於人權的歷史，還有許多需要陳述，這些爭論就留待後面再談。

個人主義與自治

另一位十七世紀的哲學家勒內．笛卡兒（René Descartes, 1596~1650）對人權概念的發明也有貢獻。笛卡兒從未提出任何倫理、政治、法律或正義的系統模型。㉜他是一位認識論者（epistemologist），也就是知識的哲學家，探討的是人們能知道什麼，以及能如何知道。他對知識基礎的關注，非但沒有削弱、反而加強了他對政治的貢獻。

笛卡兒認為，個人能在不受貴族與教會等社會高層影響的情況下獨立思考。㉝如同任何人都能做到的，他從轉向內省開始，檢視自己既有的知識，並決定懷疑所有可以懷疑的事物，包括自幼接受權威機構而被灌輸的知識。㉞對笛卡兒而言，懷疑的行為意味著他個人的思維過程本身是不容懷疑的。我們都能在不依賴較高權威的情況下獨立思考。㉟

一旦個人的思想不受這種權威的約束，那麼他所能企及的想法就不再受限制了。一八五九年，約翰．斯圖爾特．彌爾（John Stuart Mill）寫下了名作：《論自由》（*On Liberty*），敦促世人追求思想發展與交流的最大自由，㊱然而，笛卡兒在一六三七年的《方法論》（*Discourse on Method*）中，已經暗示了這個必要性，一旦將個人思想視為具有獨立推理和判斷的能力（正如彌爾後來所做的），那麼獲取資訊的廣泛管道就必然會促進這些過程。

在個人主義的傳統中，另一個重要人物是伊曼努爾．康德（Immanuel Kant），他在十八世紀以笛卡兒式的「純粹理性」（pure reason）為出發點，向前邁進了一大步，在幾部重要著作中，致力以獨立的個人思考過程，推導道德、法律與政治的原則。㊲今天，許多觀察家有鑑於社交媒體能在幾乎不具理性的情況下，煽動敵意與暴力，開始對理性主義傳統的信念動搖，這就如同霍布斯在康德或彌爾出生之前，對自主個體的理性抱持懷疑。不過，笛卡兒式的理性主義，也就是個人可以自由說出自己的需求與願望的能力，構成了人權的個人主義的重要部分。[38]凡是拒絕它的人，就必須接受由管理菁英所組成的政府。

儘管存在差異，霍布斯與笛卡兒卻宛如一枚硬幣的兩面，都以一個最高權威讓我們擺脫其他所有社會或政治聯繫。霍布斯在政治上將人們與主權國家聯繫在一起，斬斷了與其他任何東西的聯繫；笛卡兒則在知性上將人們與自己的思考能力聯繫在一起，同樣也斬斷了與其他任何東西的聯繫。

有些作家將他們兩人的這種作為，視為將個人從傳統的權力與權威的枷鎖中解放出來，支持人權的人比較可能持有這種觀點。其他人則將其解讀為，這是對層級秩序下的宗教、社群及家庭之寶貴紐帶的全面性破壞；持這種觀點的人，比較可能對人權持懷疑態度。

霍布斯式的君主可能會命令我們服從某個大司祭；但發號施令的是君主，而不是司祭，並且君主可以隨時撤銷這道命令。笛卡兒以理性構建出一個全知全能的上帝，但按照笛卡兒自己的說法，如果有更高的論證證明了該思考過程中有任何步驟存在缺陷，那麼同樣的思考過程就必須懷疑上帝的存在。

當然，笛卡兒之前的許多時代與文化中，也都有人強調個人理性的重要性。然而，正如霍布斯是第一個從個人導出所有法律與政府的先驅，笛卡兒也是第一個將整個世界觀建立在個人的獨立判斷上的先驅。有些人喜歡它，有些人討厭它，但笛卡兒式的個人主義構成了人權本體論的精髓。

正如我在第一章中提到的，如今許多古老傳統，如儒家、基督教、伊斯蘭教等，也聲稱自己融入了人權的概念，但它們唯有在人權的本體論高度個人主義化的條件下，才能做到這一點。[39]

啟蒙運動及其後果

霍布斯拒絕基本的個人權利，因為它與專制統治相悖。為了在公民社會中安全生活，個人必須犧牲自己的自然權利。相對的，在霍布斯生活的動盪世紀末期，他的同胞約翰・洛克（John Locke, 1632~1704）則致力於加強自然權利與社會契約的相互保障。

對洛克來說，社會契約的存在，不是為了推翻我們在自然界中享有的權利，而是為了維護它們。回想一下，霍布斯的專制主義「契約」中，幾乎沒有包含任何可以討價還價的空間。相比之下，洛克在他的《政府論下篇》（*Second Treatise of Government*, 1689）中，提出一種可供公民與政府官員之間持續進行談判的代議制政府模式，進而引領了啟蒙運動。洛克當然有提出歷史先例，尤其是羅馬共和國。

霍布斯與同時代的許多人一樣，將共和主義視為容易造成派系分裂且不穩定的制度，容易讓一個國家爆發內亂或遭受外來侵略。霍布斯將無所不能的政府，形容成匡正不正義的解方；洛克則將之視為不正義的原因。在洛克看來，政府唯有在尊重公民對生命、自由與財產的權利的情況下，才能合法地使用其權力，這有助於防止專制主義的壓迫潛能。這些就是我們永遠不能放棄的自然權利。[40]

對洛克而言，保護個人權利並不是任意而虛幻的事項，而是政府的核心任務之一。一個政府，唯有被設計成可預防過於強大的統治者掌權，才能執行這項任務。一個世紀後，湯瑪斯．傑佛遜（Thomas Jefferson）在一七七六年起草《獨立宣言》時，主張美國人擁有「不可剝奪的權利」。傑佛遜也補充道，政府的目的是「確保這些權利」，而且「政府的正當權力，是經由被治理者的同意而產生的」。傑佛遜總結道：「當任何形式的政府破壞了這些目標，人民就有權利去改變或廢除它，並建立新的政府。」[41]傑佛遜的這些主張，幾乎是逐字引用自洛克的《政府論下篇》。

為了透過限制統治權來保護公民的權利，政府必須分為立法、行政與司法三個分支。[42]這些分支必須相互檢視並制衡，以避免讓任何一個政府的分支獲得過多權力。當一個分支的權力大到足以壓制其他分支時，它的權力也將大到足以壓迫公民。因此，洛克試圖以兩種方式避免全能政府的出現。首先，他將政府構建成沒有一個分支能行使過多權力，並且每個分支都對其他分支施加限制。其次，公民保有自己的自然權利，因此能合法地採取行動，來限制政府行使及濫用權力。

然而，從霍布斯到洛克的理念之間，具有連續性。對洛克來說，個人也被解釋為個體，而不是任何最高權威的社群、宗教、親屬或宗族的代表。洛克彌合了早期權利觀念與現代權利觀念之間的鴻溝。同樣的，長期以來，統治者充其量只是被建議及鼓勵要尊重其臣民或公民的福祉，但洛克開創了可以被法律保障的個人權利，為我們今天所謂的「高階」（higher-order）或「高級法」（higher-law）的權利鋪好了路。

在美國，這些權利通常被稱為「憲法」權利（“constitutional” rights），在國際上則通常被稱為「人權」。其他常用的名稱是「基本權利」（fundamental rights或basic rights），這些名稱之間是可以互換的。[43] 這些名稱共通的性質，可以被總結為：**高階權利（higher-order rights）存在於法律制度為某些個人福祉提供特殊法律保護的情況下，如此一來，即使通過多數票表決，人民或政府也可能根本不會推翻這些權利，或只是在人民或政府基於強烈的公**

共利益，做出某些例外性合理化的情況下，才能推翻這些權利。㊹誠然，「例外性」與「強烈」等字眼，又為正義的標準增添了模稜兩可性與開放性。這些標準長期以來一直引發意見分歧。洛克式的憲政傳統，無法預先解決每一個可能出現的爭議。它只能提供一個方向。

洛克也引發了一些爭議。仰慕者認為他給了公民真正的權利制度，以及個人政治賦權的前景。但懷疑論者長年來譴責他強調私有財產權，為資本主義提供了法律基礎，進而深化了階級差異，並以剝奪大多數普通人的權力為代價，將權力賦予菁英。

對卡爾．馬克思（Karl Marx）而言，洛克式的個人權利，只是概括了歐洲新興的商人或資產階級為自己所建立的，一套享有經濟與政治特權之體系的利益。按照這個觀點，洛克只是將一個以受法律保護的財富為基礎的新菁英，取代了一個以出身為基礎的壓迫性菁英，儘管他的制度在形式上採用了平等主義的語彙。㊺洛克的批評者還指出他對非歐洲人的貶斥，洛克認為他們是無法維持任何真正的經濟或法治的野蠻人，㊻等同於為殖民主義的暴行辯護；即使他的主張大談普世權利，實際上只是為了享有特權的歐洲白人男性而寫。

再次聲明，我的目的不是在任何一種詮釋中選邊站，只是為洛克長期以來所代表的古典自由主義，及以權利為基礎的憲政主義傳統，做一番總結。洛克對人權的個人主義本體論做出了巨大貢獻。按照洛克自己的說法，只要任何人——牧師、宗族領袖、雇主、總統——

阻礙你行使自己的個人權利，你就等同於沒有任何權利。[47]霍布斯與洛克的對峙，直到今天依然持續。如今，重視公民參與的公民及政府，比較可能選擇憲政主義及法治形式。[48]相對的，當公民對憲政下的自治產生懷疑或漠不關心時，就比較容易接受專制統治。

隨著一七八九年法國的《人權和公民權宣言》（Déclaration des Droits de l'Homme et du Citoyen），以及一七九一年的《美國權利法案》（U.S. Bill of Rights）的建立，個人主義本體論已然鞏固，也為我們今天所理解的形式上的平等主義人權憲章，奠定了基礎：關於權利，人們生來且始終自由平等。[49]

雖然在許多世紀之前已經有關於人權的前例，但我們從那些啟蒙運動的憲章中的個人主義措辭，以及對基本個人福祉的全面列舉，一眼就能認出它們是當代人權概念的前身。《世界人權宣言》添加了更多權利，但未曾從根本上改變啟蒙運動的概念。

然而，隨著十八世紀接近尾聲，任何將笛卡兒式的理性主義轉化成政治的嘗試，都瀕臨崩潰，因為由一七八九年《人權和公民權宣言》的作者所領導的法國反君主制革命，陷入了恐怖統治。哲學家格奧爾格・威廉・弗里德里希・黑格爾（Georg Wilhelm Friedrich Hegel）譴責法國大革命，以及他所認為的簡單化的個人主義假設。啟蒙運動認為，僅透過個人的理性就能從零開始構建公正的新秩序，徹底推翻了既有規範與習俗，但黑格爾對此信念提出質疑，並且復興了笛卡兒之前時期的早期觀點，也就是個人並不是像機器人那樣生活，而是始終與文化、社群及國家等更廣泛的聯繫連結在一起。他反對將個人從他們的社會脈絡中抽離的個人主義本體論。

黑格爾重申了「人類的認同仍然植根於社群、文化與歷史」的觀點。他承認既有的貴族與教士權威的任意性，同時也譴責革命民主主義轉向了相反卻同樣任意性的極端。[50]黑格爾的立場的另一個關鍵，是他否定了康德所提出的笛卡兒般論點，該論點全面性的將倫理與法律原則建立在抽象的理性之上，絲毫不考量歷史或文化。[51]黑格爾接受了根據功績而非出身來論斷社會政治地位，同時也為一個由群體組織成的社會，重新制定了文化與公共基礎。[52]

黑格爾的論點同樣也引發了多樣的詮釋。批評者將他視為與柏拉圖及霍布斯等人一樣的反民主人士，甚至是專制政權的締造者之一。[53]其他人則認為，在一個民主往往只是做做樣子的世界裡，黑格爾在某種程度上解釋了現代管理型及官僚型國家機器的邏輯。[54]

如同霍布斯與洛克的對立，康德與黑格爾的衝突也尚未結束。康德透過法治下的穩定機構，體現了理性、審慎、代議制政府的啟蒙理想。[55]快轉到我們這個時代，他在現今的繼承人很可能已經進入中產階級，接受了自由主義教育，享受文化與政治的多元化，尊重自由民主，並接受包括人權在內的普世理想。在少數繁榮且表現最好的民主國家，[56]這股力量占很大的一部分人口。在較動盪、較不穩定的民主國家或非民主國家，這類曾在國外生活或學習的人，比較可能形成或被視為占比較小的菁英階層。

黑格爾讓大家看到了許多被拋在後面、被隔離在那個世界之外的人。在當今的民主國家中，許多處於底層的人都認為政府不透明且不值得信任，可能受到外來或隱藏的力量所控制。有些人可能會尋求與某個奠基於種族、民族主義、宗教或其他統一敘事的群體，建立有機的聯繫。

但回到十九世紀，比黑格爾晚一個世代，年輕的卡爾・馬克思發表了《論猶太人問題》（*On the Jewish Question*），後來成為對一七八九年的《人權和公民權宣言》與人權最有影響力的批判之一。[57]馬克思開創了所謂的「對形式主義的批判」，這在現今依然激起對權利的懷疑。該批判的邏輯如下：從形式上看，根據《人權和公民權宣言》，人權對所有人都是平等的，但對馬克思來說，決定性的因素不僅僅是一套字面上的規範，而是基本的經濟條件，以及維持這些條件的法律秩序。只要社會條件仍然建構在鞏固菁英的權力與特權的路線上，權利就永遠無法如字面表述所承諾的被普及。

對敵視馬克思的解讀者而言，他對自由主義、憲政主義及權利的啟蒙運動藍圖的否定，為二十世紀凶殘的社會主義專制政體鋪了路。對支持馬克思、拒絕將這些不當引用歸咎到他身上的解讀者而言，他的批判消除了將權利視為解放的明確動力之啟蒙運動幻想。馬克思展示了如何利用權利來維持壓迫性的法律秩序，而一些批評者認為權利如今依然扮演著這種角色。[58]這些對個人權利體制的批判，造成了遠超出黑格爾與馬克思各自觀點的影響，而且往往跨越了保守派與進步派之間的傳統分歧。

對於具爭議性的哲學家馬丁・海德格（Martin Heidegger）而言，[59]笛卡兒式的個人主義，反映了抽象、隔絕化、去歷史化、原子化、機械化的人口，這一觀點得到了路易・費迪南・賽林（Louis- Ferdinand Céline）、阿爾弗雷德・德布林（Alfred Döblin）、T・S・艾略特（T. S. Eliot）及艾茲拉・龐德（Ezra Pound）等同時期現代主義作家，以及經常將西方的現代性描繪為非人性的喬治・格羅茲（Georg Grosz）、奧托・迪克斯（Otto Dix）及巴勃羅・畢卡索（Pablo Picasso）等畫家的呼應。

海德格對「人性」及「人文主義」的概念提出了挑戰，認為這些概念是空洞的、缺乏根據的形式主義。這些概念不是為了讓人們變得更高尚，而是為了讓所有人都淪為空洞的、永遠可被替代的抽象群體，將人們變成貨架上的眾多產品。對海德格而言，一個需要人性的抽象理想世界，永遠無法實現這些理想，並且已經自貶為一個非人性的世界。[60]

必須聲明，我完全同意人權的唯意志論假設，並接受個人必須盡可能控制自己的個人、家庭、社會及政治環境。[61]然而，如果我們低估了這些批評，就可能誤判了對於人權及其預設的個人主義的抵抗。當《世界人權宣言》第一次被討論時，一些懷疑論者認為，人權是一種對非西方文化幾乎無用的西方觀念。再次重申，歷史上的許多傳統當然都曾表達了與《世界人權宣言》相同的關切，但有人認為其他文化在歷史上並未以人權的個人主義觀點解釋這些關切。一九四七年，聽聞宣言正被起草的美國人類學協會（American Anthropological Association）在其《人權聲明》（Statement on Human Rights）中宣布，關於「對與錯、善與惡」的信念因文化而異。許多社會科學家質疑著，一份幾頁的文件是否真能概括地球上每個人的價值觀。[62]

例如，《世界人權宣言》的另一段內容。根據第六條，「人人在任何地方有權被承認在法律前的人格。」然而，正如我們所看到的，在工業社會之前極少有關於人類的一般性概念，也就是社群內的所有成員都享有平等的公民地位。人類的概念，指的應該是所有人共享的基本特徵，儘管彼此存在差異。但這些特徵是什麼？有人可能會回答所有人確實存在一些共同點：我們都必須吃、喝、睡。然而，這些特徵絕不是人類獨有的，因為其他物種也有這些特徵。[63]我們可以加入其他屬性，例如尊嚴或對正義的渴望，但這些廣泛的概念在不同的文化裡可能意味著非常不同的事物。

如果我們要考慮歷史上的每一種變化，那麼人類的概念就必須指稱每個人在每個地方曾經做過的一切。然而，《世界人權宣言》絕對不接受人們所做過的一切。事實上，它譴責了人們在不同的時代與文化中所做過的許多事，至少不允許人們繼續這麼做。《世界人權宣言》認為，人類所做的很多事，都與它對人類的概念相牴觸。

美國人類學協會的聲明總結道：「標準與價值觀及其所衍生的文化相關性，源自一種文化的信仰或道德準則的教義，一定會在某種程度上減損人權宣言對全人類的適用性。」[64]這份聲明採取了反對西方政治及文化帝國主義的立場，但其他觀察家指責美國人類學協會迎合相反的惡，也就是道德相對論（ethical relativism），將所有信仰視為具有同等價值，剝奪了我們的任何道德判斷標準。[65]希特勒時期的德國與史達林時期的俄羅斯，都曾宣揚過自己的「標準與價值觀」。納粹的價值觀包括公開放棄任何代表所有人平等共享需求、理想或願望的人類概念。[66]蘇聯當局採納了某些權利，[67]但這些權利很容易被用作政治迫害的理由。

即使撇開這些現代形式的政治迫害不談，許多專家也拒絕接受以下這種觀點：當我們質疑古老的奴隸制、女性割禮、童婚、名譽殺人、寡婦自焚殉夫及其他傳統習俗時，就是在重新套用西方帝國主義。[68]此外，今天的全球化商業活動，將所有人都捲入了外國政府所犯下或無視的人權侵犯行為。我們購買食品、衣服、石油、電子產品及其他消耗品，使我們成為歧視性或剝削性勞動、環境污染等傷害的共犯，而這些傷害不成比例地由幾乎不具政治或經濟影響力的人所承擔。

儘管存在這些道德及政治爭議，但到了一九七〇年代，人權在國際上愈來愈受重視。社會科學家開始宣揚不同於美國人類學協會聲明的訊息。現今，許多人試圖將早期的傳統與人權結合起來。[69]法律學者阿卜杜拉・艾哈邁德・安納姆（Abdullahi Ahmed An- Na'im）敦促我們，不要將人權與其他信仰體系之間的關係視為「永久對立」、西方與非西方的衝突，而是將之視為「協同效應與相互影響」的紐帶。[70]安納姆承認，「這種人權概念最直接的成因是西方（歐洲和美國）自十八世紀後期起的經驗」，[71]但他加上了一條重要的解釋：

> 《世界人權宣言》所定義的人權概念的道德或哲學基礎及政治理由，在不同的宗教與文化傳統中都能找到。然而，由於包括基督教在內的世界主要宗教的傳統神學，與這種具體的人權概念並不完全一致，因此必須重新解釋這些宗教的某些戒律，才能達成和解。[72]

一個經常被提起的敘事，成為當代人權民間傳說的一部分，在《世界人權宣言》的許多歷史紀錄中反覆出現。法國哲學家兼聯合國教科文組織（UNESCO）成員雅克·馬里頓（Jacques Maritain）在談到這部宣言的起草會議時寫道：「在聯合國教科文組織全國委員會的一場討論人權問題的會議上，有人對某些強烈相斥的意識形態的擁護者竟然在這些權利清單上達成共識，表示驚訝。他們說：『好，我們同意這些權利，條件是不要問我們為什麼。』。」[73]

這件軼事經常被提及，彷彿證明了一個難堪的真相，也就是勇氣與實用主義戰勝了教條與意識形態。然而，很少有人注意到下一句，也就是馬里頓的結論：「這個『為什麼』就是爭論的起點。」[74]可以肯定的是，儘管《世界人權宣言》的標題是如此雄心勃勃，但現今的人權倡導者滿足於關注後工業與全球化的世界，卻沒有暗示全面性的人權體制在任何意義上都是普世的，在整個人類的歷史上都是合宜的。然而，正如我將解釋的，這種協議如此容易達成的唯一原因，是起草者談的完全不是公民導向的人權。他們談論的，只是在許多傳統中都能找到的人類福祉的管理清單。

權利被顛覆

由於啟蒙時代各種憲章的解放性措辭，十九世紀的政府未能採納這些憲章中的許多條款。在面對高階權利時，政府往往較著重在鞏固差異主義的現狀，而不是開創平等主義的未來。美國就是一個鮮明的例子。一八五七年，被視為美國歷史上最糟糕的司法判決的「德雷德．史考特訴桑福德案」（Dred Scott v. Sanford）中，最高法院採用了高階法律權利，卻將之用在維護個人對奴隸的所有權上。[75]該判決讓人想起了權利概念的延展性。「德雷德．史考特訴桑福德案」提醒我們，高階權利的概念中絲毫沒有預設社會進步甚至最低限度的公平結果。權利所提供的，並不是對正義的穩固保證，而是一套用來追求正義的特定條款與工具。

僅僅十多年後，在「布萊偉訴伊利諾州案」（Bradwell v. Illinois, 1873）中，最高法院裁定：憲法第十四修正案（Fourteenth Amendment）要求各州保證所有公民受到法律平等保護，而它與「將婦女排除在專業法律實踐之外」並沒有牴觸。[76]

到了該世紀末，在「普萊西訴弗格森案」（Plessy v. Ferguson）中，法院將憲法規定的法律下的平等保護，解釋為它與「提供商品及服務時的種族隔離」並沒有牴觸，再次援引形式上的平等主義來為實踐中的差異化辯護。「普萊西訴弗格森案」證實了吉姆．克勞法（Jim

Crow，註：一八七六年至一九六五年間美國南部各州以及邊境各州對有色人種實行種族隔離制度的法律）時代的「隔離但平等」，也就是雖然承諾形式上的平等，但在實踐中，非裔美國人並沒能享有多少權利。[77]

十九世紀晚期，紐約有許多麵包店在公寓地窖等衛生條件堪憂的地方營業。在勞動力市場上沒有多少選擇的低技能工人，來到這些麵包店之後，經常被迫從事剝削性勞動。為了提供最低限度的保護，州立法機構在一八九五年通過了《紐約麵包店法案》（New York Bakeshop Act），將工作時間限制為每天十個小時、每週六十個小時。

幾年後，一位麵包店老闆約翰・洛克納（John Lochner）因違反此法而被州法院起訴，當時紐約法院依據這項法律做出判決，但十年後，美國最高法院卻運用了（許多人甚至說成「發明」）一種更高的契約自由權概念，推翻了原判決。[78]法院無視於迫使工人承受這種惡劣工作條件的經濟壓力，認為憲法應該保障「雇主與雇員之間針對後者可工作時數訂立契約的權利。」[79]

批評者譴責「洛克納訴紐約州案」（Lochner v. New York）採取了形式上的平等主義修辭，佯裝站在弱勢員工的一邊，對抗一個想剝奪他們針對雇傭條件「自由地」討價還價之權利的州政府。法官魯弗斯・佩克漢姆（Rufus Peckham）站在法院多數派這一邊，認為員工的福祉並沒有比所有者的利益更受到威脅，雙方是相同的：「員工可能希望賺取超過法定工時而產生的額外收入，但該法令卻禁止雇主允許雇員多賺錢。」[80]形式上的平等主義邏輯，被用來將差異化的社會經濟條件合理化。任何這種受到憲法保障的契約自由，都將進一步強化雇主的談判優勢，讓他們得以自由選擇符合自身經濟利益的契約條款。

看過這些案例後，就很容易理解為什麼馬克思將「人權」視為「形式上的平等主義修辭」，被用於維持實質上的不平等。同樣的，抽象的形式主義的問題，並不是古典自由主義、資本主義或人權所特有的，因為各種類型的法律制度普遍都必須依賴於相互矛盾且受操弄的詮釋。那麼，那段動盪的歷史對美國法律而言絕不奇特。在所有擁護啟蒙運動權利概念的國家裡，普遍存在的社會階層制度，依然銘刻在法律中。在十九世紀及二十世紀初，英國、法國與其他歐洲國家無論在國內還是殖民地，都遠遠稱不上是平等主義。

儘管德雷德・史考特、布萊偉、普萊西、約翰・洛克納與其他類似個案均存在不公，但很難看出這些權宜式的解讀在權利體制內是有道理，還是該被全盤否定。與馬克思相反，其他進步派思想家認為，權利提供了他們所需的工具。他們認為，爭取更好地詮釋權利，比反對權利概念本身要好。一八四八年，女權活動家伊麗莎白・凱迪・斯坦頓（Elizabeth Cady Stanton）撰寫了《情感宣言》（*Declaration of Sentiments*）的大部分內容。這是一份提交給當年參與塞內卡瀑布女性權利會議（Seneca Falls Women's Rights Convention）的代表們的宣言，將對權利理想的景仰與對歧視性詮釋的挑戰融為一體。

在斯坦頓看來，無論十八世紀的起草者對於「什麼是權利」以及「誰應該擁有這些權利」有什麼看法，這些憲章後來都會擁有令人信服的意涵。德國哲學家漢斯－格奧爾格・伽達默爾再次證明這一點：後世讀者將在經歷變化後的情況下閱讀這些章程，從其精準的措辭中獲得結論，包括一些可能與起草者的本意迥異的結論。隨著時間的推移，「普遍的自然權利只屬於白人男性土地所有者」的想法，將變得站不住腳。

《情感宣言》以一種看似揶揄、實則尊重的方式，改寫了一七七六年的《獨立宣言》。《獨立宣言》指出根植於君主權力的暴政對臣民的壓迫，斯坦頓則將其重新詮釋為男性對女性的壓迫。為了清楚呈現斯坦頓的策略，以下摘錄的內容將其中一些關鍵短語、句子及較長的段落，以粗體強調。

一七七六年獨立宣言（節選）

在有關人類事務的發展過程中，當一個民族必須解除其和另一個民族之間的政治聯繫，並在世界各國之間依照自然法則和上帝的意旨，接受獨立和平等的地位時，出於對人類輿論的尊重，必須把他們不得不獨立的原因予以宣布。

我們認為下面這些真理是不言而喻的：**人人**生而平等，造物者賦予他們若干不可剝奪的權利，其中包括生命權、自由權和追求幸福的權利。為了保障這些權利，人類才在他們之間建立政府，而政府的正當權力，是經由被治理者的同意而產生的。當任何形式的政府破壞了這些目標，**人民便有權利**去改變或廢除它，並建立新的政府；其賴以奠基的原則，其組織權力的方式，務使人民認為唯有這樣才最可能獲得他們的安全和幸福。為了慎重起見，成立多年的政府，是不應當由於輕微和短暫的原因而予以變更的。過去的一切經驗也都說明，任何

一八四八年《情感宣言》（節選）

在有關人類事務的發展過程中，當人類家庭的一個部分，必須在人們之間依照自然法則和上帝的意旨，接受與婦女迄今不同的地位時，出於對人類輿論的尊重，必須把婦女不得不這樣做的原因予以宣布。

我們認為下面這些真理是不言而喻的：**男人與女人**生而平等；造物者賦予她們若干不可剝奪的權利，其中包括生命權、自由權和追求幸福的權利，為了保障這些權利才建立政府，而政府的正當權力，是經由被治理者的同意而產生的。當任何形式的政府破壞了這些目標，**受其害的人民便有權利**拒絕效忠它，要求建立新的政府；其賴以奠基的原則，其組織權力的方式，務使人民認為唯有這樣才最可能獲得他們的安全和幸福。為了慎重起見，成立多年的政府，是不應當由於輕微和短暫的原因而予以變更的。過去的一切經驗也都說明，任何苦

苦難，只要是尚能忍受，人類都寧願容忍，而無意為了本身的權益便廢除他們久已習慣了的政府。但是，當追逐同一目標的一連串濫用職權和強取豪奪發生，證明政府企圖把人民置於專制統治之下時，那麼人民就有權利，也有義務推翻這個政府，並為他們未來的安全建立新的保障——這就是**這些殖民地過去逆來順受**的情況，也是它們現在不得不改變以前政府制度的原因。

當今大不列顛國王的歷史，是接連不斷的傷天害理和強取豪奪的歷史，這些暴行的唯一目標，就是想在這些州建立專制的暴政。為了證明所言屬實，現將下列事實公諸於公正的世界：

他（英國君主）拒絕批准對公眾福祉最有益、最必要的法律。

他禁止他的總督們批准迫切而極為必要的法律，反而是把這些法律擱置起來暫不生效，直到獲得他的同意；一旦這些法律被擱置，他對它們就完全置之不理。

難，只要是尚能忍受，人類都寧願容忍，而無意為了本身的權益便廢除他們久已習慣了的政府。但是，當追逐同一目標的一連串濫用職權和強取豪奪發生，證明政府企圖把婦女置於專制統治之下時，那麼她們就有義務推翻這個政府，並為她們未來的安全建立新的保障。這就是**婦女過去對政府逆來順受**的情況，也是她們現在不得不要求得到應有的平等地位的原因。

人類的歷史是一部男人對婦女不斷傷害與掠奪的歷史，其直接目的是在婦女之上建立絕對專制暴政。為了證明此言屬實，現將下列事實公諸於公正的世界：

男人從未允許婦女行使其不可剝奪的選舉權。

男人拒絕給予婦女連最無知、最下流的——不論是本國的還是外來的男人都具有的權利。

在剝奪了婦女作為公民的首要權利——選

他拒絕批准便利廣大地區人民的其他法律，除非那些人民情願放棄自己在立法機關中的代表權；但這種權利對他們具有無法估量的價值，而且只有暴君才畏懼這種權利。

他把各州立法團體召集到異乎尋常的、極為不便的、遠離它們檔案庫的地方去開會，唯一的目的是使他們疲於奔命，不得不順從他的意旨。

他一再解散各州的議會，因為它們以無畏的堅毅態度反對他侵犯人民的權利。

他在解散各州議會之後，又長期拒絕另選新議會；但立法權是無法取消的，因此這項權力仍由一般人民來行使。同時各州仍然處於危險的境地，既有外來侵略之患，又有發生內亂之憂。

他竭力抑制我們各州增加人口；為此目的，他阻撓外國人入籍法的通過，拒絕批准其他鼓勵外國人移居各州的法律，並提高分配新土地的條件。

舉權，從而使她在立法機構中沒有任何代表之後，男人從各個方面壓迫婦女。

一旦結婚，在法律意義上，男人便使婦女喪失了公民的權利。

男人剝奪了婦女的全部財產權，甚至包括支配她掙得的工資的權利。

男人使婦女成為不負道德責任的人，因為婦女可以犯下許多罪而不受懲罰，只要這些罪是當著她丈夫的面犯下的。在訂立婚約時，婦女被迫發誓聽命於丈夫，而丈夫，在實質上，則成為她的主人——法律授權男人，允許他褫奪她的自由權、對她行使懲罰權。

男人制定離婚法，規定准於離婚的各種正當理由；規定一旦雙方分離，孩子的監護權必須歸屬於誰；法律完全忽視了婦女的幸福——在任何情況下，它都是建立在男人至上的錯誤假設之上，將所有的權力置於男人之手中。

儘管婦女在婚後被剝奪全部的權利，但單身並擁有財產的婦女卻被男人課稅來支持政他拒絕批准建立司法權力的法律，藉以阻撓司法工作的推行。

他把法官的任期、薪金數額和支付，完全置於他個人意志的支配之下。

他建立新官署，派遣大批官員，騷擾我們人民，並耗盡人民必要的生活物質。

他在和平時期，未經我們的立法機關同意，就在我們中間維持常備軍。

他力圖使軍隊獨立於民政之外，並凌駕於民政之上。

他與某些人勾結起來，把我們置於一種不適合我們的體制且不為我們的法律所承認的管轄之下；他還批准那些人炮製的各種偽法案來達到以下目的：

在我們中間駐紮大批武裝部隊；

用假審訊來包庇他們，使他們殺害我們各州居民而仍然逍遙法外；

切斷我們與世界各地的貿易；

未經我們同意便向我們強行徵稅；

府，政府僅僅在婦女的財產對其有利可圖的時候才承認婦女。

男人幾乎壟斷了全部有利可圖的職業；在允許婦女從事的職業中，婦女所得到的報酬都是微不足道的。

男人封閉了所有能讓婦女通向財富和名望的途徑，認為財富與名望是男人最體面的榮耀。婦女從未能成為醫學、法學或神學的教師。

男人拒絕向婦女提供全面教育的便利——所有大學的校門都對婦女關閉。

男人允許婦女在教會以及政府機構任職，但只能處於附屬地位。男人宣稱，根據使徒教義，婦女不得擔任牧師，除了個別例外的，婦女還不得在公共場合參與宗教事務。

男人製造了錯誤的公共輿論，因為在他給予世人的道德法典中，男女未能一視同仁。根據這法典，將婦女排斥在社會之外的錯誤不僅受到了寬容，而且被認為是無足輕重的。

在許多案件中，剝奪我們享有陪審制的權益；

編造罪名，押送我們到海外去受審；

在一個鄰省廢除英國的自由法制，在那裡建立專制政府，並擴大該省的疆界，企圖把該省變成一個樣板及得心應手的工具，以便進而向這裡的各殖民地推行同樣的極權統治；

取消我們的憲章，廢除我們最寶貴的法律，並且根本上改變我們各州政府的形式；

中止我們自己的立法機關行使權力，宣稱他們自己有權就一切事宜為我們制定法律。

他宣布我們已不屬於他保護之列，並對我們作戰，從而放棄了在這裡的政務。

他在我們的海域大肆掠奪，蹂躪我們的沿海地區，焚燒我們的城鎮，殘害我們人民的生命。

他此時正在運送大批外國傭兵來完成屠殺、破壞和肆虐的勾當，這種勾當早就開始，其殘酷卑劣甚至在最野蠻的時代都難以找到先例。他完全不配為一個文明國家的元首。

男人攫取了耶和華的權力，宣稱他有權為婦女規畫出行動的範圍，儘管這種權力僅僅屬於她的良知和上帝。

男人竭盡全力試圖摧殘婦女對自己能力的自信，貶低她的自尊，迫使她心甘情願地過著任人擺布的悽慘生活。

現在，占國家人口一半的民眾完全沒有選舉權。她們在社會、宗教上受到不公正的待遇。面對上述這些不公正的法律，況且婦女確實感到了她們受到的冤屈、蒙受的壓迫，以及最神聖的權利被人用欺騙的手段剝奪了，我們堅決要求立刻給予婦女所有屬於美國公民的權利和特權。

在著手眼前的偉大工作時，我們估計將遇到大量的誤解、誤傳和嘲諷。不過，我們仍將竭盡全力實現目標。我們將聘請代理人，散發傳單，向政府和立法機構請願，努力爭取教會與報界的支持。我們希望這次大會之後，在全國各地將召開一系列的大會。

> 他在公海上俘虜我們的同胞，強迫他們拿起武器來反對自己的國家，成為殘殺自己親人和朋友的劊子手，或是死於自己的親人和朋友的手下。
>
> 他在我們中間煽動內亂，並且竭力挑唆那些殘酷無情、沒有開化的印第安人來殺掠我們邊境的居民；而眾所周知，印第安人的作戰規則是不分男女老幼，一律格殺勿論的。

卡爾．馬克思反對權利的另一個理由，是它的片面性——少數群體的權利、婦女的權利、被殖民人民的權利。在他看來，壓迫並沒有形式上的不同，而是源於經濟剝削的共同原因。他帶著這種擔憂，呼籲活動人士團結起來。一個凝聚的運動將比彼此競爭的派系更有力量。馬克思的觀點具有一定的分量，因為伊麗莎白．凱迪．斯坦頓與曾經友好的廢奴主義者弗雷德里克．道格拉斯（Frederick Douglass），後來就為了女性還是奴隸該享有戰術優先權的問題而產生分歧。[81] 事實上，十九世紀的女權主義者經常因為將黑人女性排除在運動之外而受到譴責。[82] 然而，這些活動人士仍然致力於擴展既有的權利概念。

與斯坦頓類似，道格拉斯在題為「七月四日對奴隸來說是什麼？」（What to the Slave is the Fourth of July）的演講中，揭露了「形式上的平等主義權利的表裡不一」被用來將歧視合理化。不同於馬克思，道格拉斯並沒有譴責權利無法為非裔美國人伸張正義，而是指控政府未能合理地使用權利。他否定了當時的權利文化，以宣揚一種更可靠的方式。[83]

蘇珊・安東尼（Susan B. Anthony）也採取了重新解釋而非否定權利的策略。她提醒波士頓的聽眾是「我們人民」制定了美國憲法，進而制定了整套權利法案，「組成這個聯邦的，不是我們白人男性公民；也不是我們男性公民；而是我們全體人民。」[84]然而，在他們的時代，斯坦頓、道格拉斯及安東尼，仍然是被大多數人視為危險的極端主義者的異類。

在十九世紀，我們目睹了進步政治中至今依然棘手的分裂。直到今天，許多左翼人士仍追隨斯坦頓、道格拉斯及安東尼等人的腳步，堅持在體制內活動。然而，肯定有激進派認為，現行制度只會自我複製、自我延續，永遠無法實現全面的變革；他們認為，唯有透過全面瓦解既有的政治模式，才能實現這一目標。[85]但顯然，人權活動家只能承諾到前一個選項。

激進分子當然可以在這個基礎上自由地否定人權，但我想知道的是，如果我們想要人權，需要的是什麼？激進分子必須承認，過去許多這種左翼對憲政民主的否定，充其量僅促成了人類福祉的管理體制，長年以來幾乎沒有明顯促進公民賦權，最壞的結果則是導致大規模的暴行。[86]

有些人可能會覺得奇怪，我似乎只允許兩種模式：管理人類福祉，或針對公民的人權，除此之外沒有其他選擇。但請記住，我並不是在尋求最好的政治模式（其中確實有很多不錯）。我只是在探討人權的特點。

✦ ✦ ✦

我在本章提過，公民平等必然包含個人主義，但它所包含的歷史與文化意義往往是曖昧的。湯瑪斯．霍布斯是開創全面性政治哲學的第一人，他的起點是「凡是身為人，地位皆平等」，每個人都是不受教會、社群或親屬關係約束的個人，但可能得冒著變得微不足道的風險。後來的作家，尤其是笛卡兒，賦予個人的自主權比霍布斯更充分。但是，唯有在認知到笛卡兒式的個人主義所帶來的文化變革之深度時，我們才能認真看待人權。

此外，正如美國一些歷史性的法律個案所提醒的，人權的概念，就如同它所預設的平等主義與個人主義，絕不保證能促成解放性或進步性的政治。解放性或進步性往往不似我們想像的明顯或一致，但這對於發展出更好的人權概念的努力，並不必然會造成妨礙。

Chapter 4

走向全球

GOING GLOBAL

德雷德．史考特、布萊偉、普萊西、約翰．洛克納等個案，早已證實了，光憑高階法律權利，既不能保證有明顯的結果，也不能保證有道德的結果。到了二十世紀初，法學家韋斯利．霍菲爾德（Wesley Hohfeld, 1879~1918）感嘆著：「『權利』一詞往往被濫用」於代表各種形式的法律、道德及政治利益。他引用了田納西州法官在相對鮮為人知的「羅納斯訴州案」（Lonas v. State）中的抱怨：「權利、特權及豁免這些詞，被當成同義詞濫用。」①我稍後將回頭探討此案。

現在，我們將隨著霍菲爾德，從古典哲學家的宏大宣言與激進主義者的吶喊，轉移到寂靜的法律圖書館迴廊中。霍菲爾德於一九〇四年畢業於哈佛法學院。在短暫的職業生涯中，他先在史丹佛大學任教至一九一三年，接著轉到耶魯大學，並於一九一八年去世，享年三十九歲。②對霍菲爾德而言，普及的「權利」的道德或政治概念，似乎過於曖昧且有爭議，因此他想找出權利「最嚴格意義上的」，也就是明確的法律意義上的含義。③諸如「我有權受到公平對待」的主張，當然可能帶有道德和政治分量，但該如何將它與特定的法律權利做連結？在本章中，我將追溯這個法律概念在二十世紀裡確立的過程，以及國際組織回應的複雜方式。

法律上的義務原則

韋斯利·霍菲爾德從未針對其年代的激烈爭議，發表過任何意見，我們也不知道他的政治傾向。他的著作主要聚焦於合約、財產等方面的普通權利。我很難相信，人們在權利的戰場上打了一個世紀激烈的文化戰爭，卻沒有在這位二十世紀開創性權利理論家之一的心中留下任何印記。霍菲爾德可能認為，在弄清楚普通的「權利」是什麼之前，不可能解決歧視之類的爆炸性爭議。但只要深入鑽研就會發現，「羅納斯訴州案」之類的案件，並不是平凡的爭議。南北戰爭後不出幾年，法院就決定維持美國其他州長年採行的對異族通婚的禁令。

與此同時，在大西洋彼岸，同樣風雨飄搖的奧匈帝國黃昏之際，各國及其國民、民族及宗教少數群體之間的緊張局勢正在醞釀。④那裡有另一位同樣研究法律制度的機制，致力於精煉其基本要素的法學界巨頭家漢斯·凱爾森（Hans Kelsen）。凱爾森於一八八一年生於布拉格，成長於距離兩年後出生的法蘭茲·卡夫卡（Franz Kafka）僅數個街區的地區。我沒有他們曾見過面的任何證據，雖然卡夫卡後來耗費許多時光無情地批判現代法律迷宮，而凱爾森卻是現代法律的傑出闡釋者。凱爾森撰寫了一九二〇年奧地利憲法的大部分內容，其中大部分至今依然有效。他在一九三〇年遷居德國的科隆市，但由於他的猶太血統，在納粹上台三年後被迫逃離。後來，他定居美國加州，任教於柏克萊大學直到一九七三年去世，享耆壽九十一歲。⑤

歐洲啟蒙運動之後，許多法學家開始將道德、政治與宗教，視為非理性、主觀、盲目的。一場「法律實證主義」運動開始出現，將法律視為一種依其內部邏輯運作的系統。⑥漢斯．凱爾森與韋斯利．霍菲爾德非常清楚，關於謀殺、盜竊及婚姻的法律，首先出現在較大的倫理、政治或宗教制度中，但他們都在探索是什麼將社會規範轉變成法律規範。

一個具體的法律權利概念，只有在法律處理那些倫理、政治與宗教不做的事時才會有用。從兩人的著作中，看不出他們熟悉彼此的作品，但隨著時間的推移，他們對權利的法律性質的核心見解漸趨一致。兩人都說明，**一方的法律權利與另一方的法律義務相關。**⑦換句話說，**只有當Y對X負有某種法律義務時，X才擁有對Y的法律權利。**在本書，我將把它稱為「義務原則」（duty principle）。舉例來說，如果林哥這個人擁有穿越艾比路（Abbey Road）與格羅夫恩德路（Grove End Road）交叉口的合法權利，那麼其他人就負有不阻止林哥穿越的法律義務。

權利與義務之間的關係，乍看之下似乎很明顯，但有一個必須避開的陷阱。義務的概念，可以說與正義本身的觀念一樣古老，在許多古代制度中都能看到。那麼，是否可以說古代制度一直都有相應的權利？例如，假設我們可以在儒家、基督教或其他傳統中，找到要求統治者有義務避免對普通民眾恣意施加暴力的規範，這是否意味著這些傳統中包含了普通民眾不受此類暴力侵害的個人權利？沒有。那是因為權利與義務之間的關係，並不是嚴正的相互關係。所有權利都與義務相關，但並非所有義務都與權利相關。（換句話說，唯有當Y對X負有某種法律義務時，才能說「X對Y擁有合法權利」是正確的。但是，當X對Y擁有合法權利時，要說Y對X負有某種法律義務，就是錯誤的。）

以下是一個簡單的例子。假設一項城市法令授予合法權利給我，讓當地政府在我家附近的路邊種植灌木。在這種情況下，市政府有種植灌木的法律義務，若是它不種，我就可以起訴市政府以進行糾正。但現在，假設法律只規定市政府必須在我家附近的路邊種植灌木，也就是說法律仍然加諸市政府種植灌木的義務，但沒有明確授予我或其他任何公民讓市政府種植灌木的權利。現在，如果市政府不種灌木，我可以投書當地報紙，發起路邊美化運動，或在下次選舉中投反對當地政府的票，但我沒有資格起訴市政府。市政府有義務種植灌木這一事實，並不會自動賦予任何讓市政府種植灌木的權利給我，除非法律另外規定了這種權利。（順道一提，假設在第一種情況，也就是法律確實授予讓市政府種植灌木的權利給我，要注意，市政府僅授予我普通權利，而不是高階權利，也就是說，在合理限制的人權概念下，這項權利不涉及人類基本福祉。普通權利見諸於法律的各個領域，例如契約法、商業法等分支。）

歷史上，有許多傳統規定了統治者以特定方式行事的義務，有時可能反映了《世界人權宣言》中所闡述的價值觀，但不代表這些傳統曾暗示個人有權讓政府提供這些人類福祉。這一點不一定意味著任何特定的傳統都與人權不相容，但它再次提醒我們，人權法對於其他信仰體系提出了許多要求。那些右手拿著《世界人權宣言》，左手拿著一些古代文獻的人，很可能會發現兩者之間有某些交集，但這些交集僅限於在人類福祉方面，極少是在人權方面。⑧

為了理解這一點，你可以試著想像有一個名為「雷加里亞國」（Regalia）的獨裁政權，它發布了一份官方文件，承諾尊重《世界人權宣言》。雷加里亞國提供了該聲明中規定的許多人類福祉，但實際上，卻是由不認為雷加里亞國有提供這些人類福祉之義務的霍布斯式獨裁者布魯德（Bruder）酌情決定。

正如我將在本章後文解釋的，從國際法的角度來看，雷加里亞國應該承認並遵守其中的許多義務。相對的，從該國國內法的角度來看，雷加里亞國也可以是一個管理式政權，由政府自行決定是否提供這類人類福祉。根據雷加里亞國的詮釋，當它提供這些人類福祉時，並不是從個人權利的角度出發的。

那麼，我們可以說，義務是介於裁量與執行之間的。根據義務原則，國家提供人類福祉的義務，讓人們更接近權利，而不是更接近國家提供人類福祉的完全裁量權。義務提供了執行的理由，即使它們並不總是被執行。因此，我們對人權的追求，涉及對更多事項的追求，而這些事項可以將我們從裁量制度的那一頭往中間點推，使得隱私權或公平審判權等**人類福祉**，能夠先成為隱私權或公平審判權等**人權的目標**。義務原則提供了部分答案，但在下一章中，我將解釋為什麼另一個成分是「言論自由」。

我們還要注意義務原則的進一步條件：「一個人擁有與另一個人的義務相關的權利」這一事實，並不代表這項權利是絕對的；如果一項權利不是絕對的，那麼根據定義，義務就不可能是絕對的。例如，如果麥可的汽車在艾比路撞上了附近一輛送牛奶的貨車，那麼警察可能得封鎖道路，禁止林哥在內的行人過馬路。從這種日常的偶然性，可以看出包括人權在內的許多權利是多麼的非絕對性。例如，我可能在自己家中享有隱私權，但這不允許我在家中洗錢或販毒。同理，允許我信奉特定宗教的人權，並沒有授與我進行儀式殺人的權利，因為人權要求國家保護無辜人民的生命。

韋斯利．霍菲爾德和漢斯．凱爾森都沒有探討人權本身的問題，但我們看到義務原則同樣適用於人權：**唯有當一項人權與國家保障該權利的法律義務有關聯時，它才會成為一項法律權利。**⑨例如，A的隱私權要求國家承擔一些義務，例如不干涉A的隱私、保護A的隱私不受其他方的干涉等等。只要這一點被確實執行，國家對個人的義務就會限制了政府的權力。這些義務的範圍愈廣，執行得愈有效，這個國家可能就愈不專制。⑩

條約：從期望到法律

正如我在第三章提到的，現代國家或民族國家體系在十六世紀與十七世紀的歐洲出現，其過程也見證了現代國際法的誕生。然而，直到二十世紀初期，各國普遍都是以維護國家主權為條件，來遵守國際法規。他們認為，唯有在自己同意的情況下，才受到國際法規的約束；而且在實踐中，即使是這種同意也經常在無須承擔任何後果的情況下被忽視或撤銷。⑪

許多法律專家對於討論國際「法」是否有意義，感到懷疑。當然，「同意」在普通的法律制度中扮演決定性的角色，比如當我們簽訂契約或簽署遺囑時。而且，正如我們所見，現代及啟蒙時代早期的社會契約理論，旨在透過將法律置於集體同意的基礎上，以證明法律的合法性。然而，在實踐中，無論我們是否同意，法律都會約束我們去遵守許多規則，例如禁止謀殺或盜竊的規則。如果國內法律制度僅在每個人都同意受其約束的條件下適用，那麼法律制度將很難甚至不可能達成。

不過，在過去的一個世紀裡發生了許多變化，如今每天都有無數跨國交易發生，所根據的是大部分有效的高度複雜的規則，而且沒有人會認真懷疑國際法本身的存在。[12]雖然，國際法在某些領域比其他領域可靠，但人權是其中最不穩固的分支之一。

從《世界人權宣言》通過的那一刻起，「主權」和「同意」的這些要素，就已經阻礙了國際人權一般體系的發展。在此之前，政府對待本國公民的方式，通常被認為是國內關注的問題。任何「國際人權」概念都是自相矛盾的。一個問題可能與人權有關，因此超出國際法的範圍；或是與國際法有關，因此與人權無關。

當政府承受的負擔少、獲得的利益很大時，國際法就能順暢運作。例如，幾乎所有國家都加入了「萬國郵政聯盟」（Universal Postal Union），該聯盟起源於一八七四年的《伯爾尼條約》（Treaty of Bern）以及一九四四年的《芝加哥國際民用航空公約》（Chicago Convention on International Civil Aviation）。就連最腐敗的國家也能從中獲益，因此願意參與這些安排。相對的，暴虐的政府認為人權會造成大量負擔，又沒有多少好處。他們不喜歡被人注意自己的暴行，並且經常迫害記者、強迫解散民間團體，以避免負面宣傳。[13]

即使國家正式同意尊重人權，它們也經常違反規則卻不會受懲罰，因為它們是大國、大國同盟或大國陣營。[14]在一九五〇年代，各國政府對《世界人權宣言》興趣缺缺，但它在一九六〇年代及一九七〇年代得以復活，部分是透過「反殖民」的解放運動，但也可能是由於隨著資本主義、社會主義及傳統宗教正統信仰的衰落而產生的新國際主義。[15]國際主義者開始大力促使全球各國更積極地承認人權的法律約束力。

然而，主權主義的力量依然很強大，因此，「條約法」（treaty law）成為更謹慎、基於同意的關鍵途徑。嚴格來說，條約是自願性的，僅對於那些同意受其約束的國家有約束力，儘管我們稍後會發現事情並非如此簡單。

但一開始，我們最好先了解條約（有時也稱為「盟約」〔covenant〕或「公約」〔conventions〕）有多種形式。第一，有些條約有時間限制，而另一些則是永久性的。有時間限制的條約，可能是為了實際用途，例如建設跨國鐵路。永久性的條約，則包括創建歐盟而簽訂的條約。第二，有些條約，例如歐盟及其他區域貿易集團的條約，會限制參與國的數量，其他條約則會開放所有國家參與。

從「時間限制」及「成員限制」兩個標準來看，我們看到主要的國際人權條約都力求範圍最廣的普世性：世界各國都有資格加入，而且條約沒有時間限制。各國可以透過多種方式受條約約束，但為了避免討論得過於技術性，我只會簡單談談「加入」、「簽署」或「成為當事國」的國家。⑯

在一九六〇年代，當《世界人權宣言》開始被轉譯成條約法時，出現了宣言中的所有規範是否都該獲得法律地位的問題。考慮到國家同意的問題及國際執法的薄弱，有些觀察家比較偏好一份僅適度囊括最重要規範的清單，野心沒那麼大，因此更可行。

但哪些算是最重要的規範？專家當然質疑《世界人權宣言》中的某些權利是否可被視為缺之不可，例如，雇員帶薪休假的權利（第二十四條）。但這些類型的曖昧權利，在宣言中極為少見。該宣言所涵蓋的大多數福祉，很難被視為不重要。因此，不出多久，各國就為了該將哪些權利指定為最重要，爆發了與冷戰的分裂相呼應的爭議。

西方民主國家的一些專家堅持認為，只有啟蒙時代的古典公民與政治權利才算是《世界人權宣言》第三條至第二十一條所規定的基本人權。這些權利包括了公平審判權、宗教自由權、免受酷刑的保護，以及法律之前人人平等。這些專家認為，唯有那些依政府問責及法治約束的公民社會原則治理的國家，才能滿足對食物、飲水、醫療保健、教育或就業等社會與經濟需求。⑰

對其他社會主義國家與開發中國家的觀察家而言，這種看法似乎被用於鞏固西方的霸權地位，創造標準將非西方國家永遠鎖在負面境地。他們堅持《世界人權宣言》第二十二條至第二十六條所規定的社會、經濟與文化權利，應享有平等或更高的地位。⑱

為了理解冷戰的對峙，可以回想在美國的某些州，種族隔離仍然廣泛存在，這反過來又加深了貧與富、強者與弱者、享特權者與被拋棄者之間的差距。許多社會及經濟權利的支持者認為，這種不平等讓人懷疑西方國家，特別是美國公民，是否真正享有高於許多非西方國家的人權水準。蘇聯農民或許僅能勉強維持生計，但許多美國前黑奴、佃農或美洲原住民的後代，生活也好不到哪裡去。

聯合國達成的妥協，是將這些權利的類別分成兩個條約，分別由《公民與政治權利國際公約》（ICCPR）和《經濟社會文化權利國際公約》（ICESCR）所涵蓋。這兩份公約均於一九六六年完成，各國可以自由成為其中一個或兩個公約的締約方。其他主要人權條約，包括一九四八年的《防止及懲治滅絕種族罪公約》（簡稱《滅絕種族罪公約》〔Genocide

Convention〕)、一九六五年的《消除一切形式種族歧視國際公約》(ICERD)、一九七九年的《消除對婦女一切形式歧視公約》(CEDAW),以及一九八四年的《禁止酷刑和其他殘忍、不人道或有辱人格的待遇或處罰公約》(UNCAT,或簡稱《酷刑公約》〔Torture Convention〕)。這些以聯合國為基礎的條約,後來還由歐洲理事會(Council of Europe)、美洲國家組織(Organization of American States)及非洲聯盟(African Union)等區域體系,做了進一步的補充。[19]

這些條約大多有助於充實《世界人權宣言》中已經闡明的規範,[20]並建立監督程序,但我們也見證了超越這則宣言的進步。例如,在一九八九年的《兒童權利公約》(CRC)中,締約國必須「尊重兒童在思想、良心與宗教自由上的權利」,並且必須「尊重兒童的結社自由與和平集會自由」。這個想法在二十世紀中葉很難向全世界推廣,在當今世界上大部分地區也不容易。[21]

同樣的,當各國政府看到直接、切實的利益時,很容易吸引他們加入多邊條約。誠然,從長遠來看,尊重人權當然可能促進國家的繁榮。受到良好對待的人口,比較可能變得富裕且有成長力。[22]但這些好處對專制政府來說憂喜參半,因為基本生活條件的改善,往往會賦予公民愈來愈多的權力，而獲得權力的公民也比較可能質疑並挑戰政治權威。任何想要讓人民變得富裕、但仍維持獨裁體制的政府，注定都要高度箝制個人自由。

許多政府知道人權條約的監督程序很薄弱，簽署這類條約通常是為了做公關或吸引援助或貿易。如今，即使是最專制的政府，也有披上國際主義外衣的動機。㉓此外，正如伊麗莎白・凱迪・斯坦頓、弗雷德里克・道格拉斯及蘇珊・安東尼所證明的，即使一個國家純粹在表面上堅持權利，也會為活動人士追究政府責任及要求政府更尊重權利，提供了基礎。㉔要求人權可能具有說服力，但要求政府履行那些它已經同意透過國內法或國際法保障人權的承諾，則更具說服力。儘管缺乏強力的執行機制，但國際規範可以幫助專制國家的異議人士，獲得道德地位。

有了對條約法的扼要總結，我們現在可以了解一些將人權納入司法制度的過程。首先，至少在當代的後工業世界中，各種福祉被視為對世界各地的所有人都是不可或缺的。其次，一個國家在成為人權條約的締約方時，也同意承擔那些與這類福祉相應的國際義務，即使僅是為了公關目的而不是誠心信守。然而，已有許多國家加入這類條約。有鑑於各國至少在形式上高度同意，我起初說「國際人權根本不存在」，可能會讓一些專家感到困惑。根據標準教條，一旦國家承擔起保護《世界人權宣言》中各種福祉的義務，那麼這些福祉就成為人權的目標：一旦這些國家遵守霍菲爾德與凱爾森的義務原則，不論其加入的真正動機為何，人權都會獲得保障。

當然，對於前述的郵政或民航條約所產生的任何權利與義務，標準教條是正確的。由於各國同意承擔相應的義務，因此這些條約保障了權利。但我將繼續闡述的論點是，唯有在公民個體為了追求其最基本的福祉而遵守並實踐人權時，人權才有意義，因此，人權不是像前述條約法的教科書式聲明那樣，那麼容易做到。除了不著邊際的義務原則之外，一種言論自由原則：論述原則（discursive principle），也同樣重要。

但是，在我介紹這項要素之前，還需要說明一下國際體系的背景。

習慣法與權利意識

條約法並不是讓人權具有國際約束力的唯一途徑。國際、區域及國內法院，以及許多政府，已經廣泛接受了「人權也是構成習慣法（customary law）的一部分」。習慣法約束所有國家，包括尚未正式同意接受其約束的國家。當某些規範獲得國家及國際組織的壓倒性支持時，它們就會成為習慣法。例如，有一百五十多國加入了廣受國際組織認可的一九四八年《滅絕種族罪公約》，㉕這些國家便依循該公約，正式受到「不得從事或助長滅絕種族的行為」的約束。㉖而這廣泛的認可又反過來創造了禁止滅絕種族的習慣法，甚至對那些未締結《滅絕種族罪公約》的國家也造成約束。㉗

究竟習慣法是由哪些權利構成的？關於這一點仍存在著爭議，但該領域的專家普遍認為，《世界人權宣言》中的許多權利應該被納入，尤其是《公民與政治權利國際公約》、《經濟社會文化權利國際公約》及其他主要條約都有大量國家簽署。

在此回顧一下：第一，《世界人權宣言》最初的起草者透過這份雄心勃勃、不具約束力的文件，同意將基本規範定為原則。第二，外交官與專家透過推動條約，審慎地走上了自願、主權模式的路。第三，對這些條約的廣泛遵守，以及國家和國際政策與實踐的其他證據，促進了人權相關習慣法的發展，正式約束了各國，就連未同意的國家也受到它的約束。因此，即使主要條約僅獲得形式上的成功，也強化了人權在習慣國際法（customary international law）中的地位。

然而，習慣法是一個怪胎。從某種意義上來說，它是最古老的法律形式，可以追溯到法律完全或大部分還不成文，並深植於道德規範與實踐的時代。當然，習慣法仍會在後工業國家出現。例如，國家法院在解決爭議時，可能會參考特定職業中的普遍習慣。但在當代的大多數國家裡，法律的複雜性要求國內法律體系處理大量書面資料，例如法規與印製的契約。

相對的，「有些國家依然抗拒人權」的這個問題，意味著習慣法扮演關鍵性的角色。這在我們最意想不到的地方，復興了一種非常古老的法律形式；不是在某個偏遠的村莊裡，而是在一個宣稱涵蓋世界各國並接受基本道德原則的全球社會裡。

有鑑於條約傾向於產生非同意性的習慣規範，主權主義者可能比較不信任主要的人權條約，儘管它們具有官方共識的性質。習慣法愈來愈像蔓延中的全球主義，如果不在今天加以遏制，明天就會吞沒這些國家。相對的，對國際主義者而言，很難捉摸一個國家會因具有全球約束力的人權而失去了什麼。讓人愈來愈難理解的情況是，一個國家的人民如何遭受痛苦，只因為其政府由於滅絕種族、政治迫害、人為饑荒、警察暴行、大規模酷刑及其他嚴重違法行為，而受到批評或制裁。

習慣法指向一個遍及全世界、尤其重視並願意捍衛人權的全球化政體。如今，一個犯下嚴重侵權行為的國家，很容易被視為違反國際習慣法，即使它從未加入任何人權條約或對人權做出任何承諾。在討論實際或假設的情況時，我將繼續從那些受到普遍承認及基於《世界人權宣言》的權利中舉例，並將其統稱為「國際人權語料庫」（international human rights corpus），或簡稱「國際語料庫」（international corpus）。然而，我還是要澄清，我對人權與言論自由之關係的看法，同時適用於廣義及狹隘的權利清單。例如，如果我在一些讀者可能會排除的假設情境中引用醫療保健權，即使這些讀者在心理上更願意以另一種權利取代該權利，我所提出的基本觀點依然成立。

條約法與習慣法的相互作用，以及國際、區域與國家體系錯綜複雜的網絡，引發了人權的另一個特徵，我們可以稱之為「系統性冗餘」（systemic redundancy）：在條約法與習慣法保護之間，以及國家、區域與國際保護之間，我們會發現有高度重複及重疊。例如，今天的歐洲民主國家將對公民權利及自由的基本保護納入國家法律中，同時加入了《歐洲人權公約》（European Convention on Human Rights），也是提供類似保護的《公民與政治權利國際公約》、《消除一切形式種族歧視國際公約》、《消除對婦女一切形式歧視公約》和《酷刑公約》的締約國。此外，它們還受到同樣也提供這些保護的國際習慣法的約束。誠然，兩個人權機構可能不會以相同的方式詮釋一項權利，因此會產生交叉影響；由於這種複雜性會使人權變得含糊且遙遠，許多人權專業人士期望能有更精簡的系統。

然而，國際主義者也喜歡以系統性冗餘為盾，來抵禦主權主義。如果滅絕種族、大規模酷刑或其他嚴重且系統性的虐待，是令人髮指的道德違規行為，那麼在各個等級以及一些組織及機構內重複這些規範，似乎在最壞的情況下也僅是小惡，而在最好的情況下則是促成一個以倫理及法律來認可人權的強大系統。人權不僅能在立法機關及法庭中，也能透過推廣「所有人都是權利持有者」的觀念來運作。系統性冗餘有助於將權利從「字面上」的公式，轉變為普遍的期待。權利意識愈強，迫使政府尊重權利的壓力就愈大。

兩位學者之間的一場交流，凸顯了權利意識所扮演的角色。保守的法律學者埃里克・波斯納（Eric Posner）在二〇一四年出版的《人權法的暮光》（*The Twilight of Human Rights Law*）一書中，解釋了一種眾所周知的懷疑論觀點。波斯納複述了一些常見的批評，也就是人權被表達得過於籠統、被效力有限的條約及宣言奉為圭臬，並將西方的解決方案強加於非西方文化上。波斯納認為，各國將人權視為轉移注意力的手段，實際目的是獲得經濟投資與發展的機會。他以世界各地的侵權案例，證明人權法「從未能實現其目標」。[28]

其中一例是二〇一三年巴西泥水匠阿馬里爾多・德蘇薩（Amarildo de Souza）失蹤案，他在一次警方圍捕毒販的行動中被逮捕，隨後便失蹤了。後來，大眾的強烈抗議導致一些公職人員被調查及起訴，反映出民意對警方的武斷、暴力執法的關注。但對於波斯納而言，這起事件證明了國際規範並沒有產生實質影響，儘管巴西已經簽署了幾項國際人權公約。

資深國際主義派的黛娜・施爾頓（Dinah Shelton）對波斯納提出了質疑，她寫道：「奇怪的是，波斯納對事件的描述，顯示規範的執行至少取得了一些成功。」施爾頓指出，在波斯納記述中，「民意壓力導致十名警察因為對德蘇薩施加酷刑並加以殺害，而遭到逮捕。」㉙波斯納認為，由於沒有可防止錯誤的國際回應能夠提供補救，證明了人權法的失敗。儘管施爾頓與大多數人權專家都坦承國際規範及組織的確有此類缺陷，但她主張，人權也可以透過較不具形式、較具社會學性質的意識提升，來發揮作用。

施爾頓質疑波斯納跳過了「探討導致民意壓力的原因」。她指出「部分理由是人權法已被納入巴西法律體制，並在全國廣為人知」，並建議「這種對人權的意識及祈求，可能為公眾提供了呼籲調查、起訴及懲罰犯罪者的法律依據。」㉚因此，對施爾頓來說，人權有助於提升公眾意識，而公眾意識從未獨立於人權法之外，一直是其運作的關鍵要素。㉛

各種權利的成本

回到前述冷戰時期關於權利等級的爭議：一些西方國家的專家堅持公民與政治權利至上；而社會主義或社會民主主義模式的倡導者，則認為經濟、社會與文化權利應該享有平等或更高的地位。這場爭論的重點從來不僅是權利，而是相互衝突的經濟－政治模式，主要是資本主義與社會主義的對立。

這場辯論經常被視為所謂的「消極」權利與「積極」權利之間的較量。古典、啟蒙時代的公民與政治權利，例如不受酷刑及恣意殺戮、宗教自由或新聞自由，通常被視為「消極」或「不干涉」，因此成本低廉。它們被描述成「不受打擾」的權利，也就是避免個人自由被不當侵犯。大家說，國家不需要提供福祉或服務來保護這些權利，只需要做到不恣意殺戮、不施加酷刑、不妨害言論自由及宗教信仰等。這些權利也被描述成公民社會的先決條件，必須具備這些權利，才能做出關於社會、經濟和文化政策的合法決定。根據這種觀點，只有公民與政治權利，才能真正被視為高階權利。㉜

根據這個假設，「經濟、社會與文化權利」則被視為「需要承諾對所有人提供福祉與服務」，從而導致全面福利制度的高成本。因此，傳統主義者根本不將經濟與社會利益視為高階權利，而是長期的立法與政策目標。他們不一定反對社會福利，但認為這類政策唯有在透明且負責任的政治體制內才能成功。與此同時，社會及經濟權利的倡導者則持相反的看法，認為唯有做到填飽肚子、治療疾病、安置家庭及提供基礎教育，才能形成一個包容而有效的公民社會。

然而，專家長期以來一直對各種權利如此嚴格的等級劃分，持著懷疑的態度。例如，大家觀察到，不一定要付出高昂代價，才能獲得經濟與社會權利。例如，有些政府會積極透過阻絕糧食運輸或農業生產，或製造人為饑荒與供應短缺，來削弱政敵。[33]在這些案例中，經濟與社會權利並不需要任何支出，只要讓人們像往常一樣耕種及交易，他們就可以便宜且「消極」地獲得尊重。這些政府沒有立場將他們對社會與經濟權利的不尊重，歸咎於高成本。同理，淨水、農業施肥、防疫接種等措施，有助於以低成本實現社會與經濟權利，就連投資在公共教育的成本，也有望透過較有技能的勞動力獲得回報。[34]

也有人觀察到，如果蘇聯保障言論自由，讓科學家們能開誠布公地提出長年來的擔憂，就可能以低成本避免車諾比核電廠事故對大眾健康所造成的危害。[35]在中國懲罰試圖警告新冠疫情可能已爆發的專家後，也有人提出類似的看法。[36]

同時，正如同經濟與社會權利並不一定很昂貴，公民與政治權利也不一定很便宜。例如，免受酷刑、宗教自由、公平選舉等公民與政治權利的保護，不僅要求克制與不干涉，也要求國家確保公平且有效的調查、訓練有素且裝備精良的警力、對違法行為的正當檢舉、獨立且公正的行政人員及司法官員、公正的審查管道、妥當的拘禁條件等，加總起來其實要價不菲。[37]

根據《經濟社會文化權利國際公約》，一國的義務僅限於「盡其能力資源所及，逐漸使本盟約所確認之各種權利完全實現」。該附帶條件意味著，社會、經濟與文化上的保護，僅與各國可用資源內的「相對且逐漸」的義務有關。[38]當《經濟社會文化權利國際公約》於一九六〇年代起草時，社會主義國家與開發中國家將該條款視為緩解反對批評的手段，但對於占多數的財政拮据國家，它也適用於公民與政治權利。

在成本方面，《經濟社會文化權利國際公約》和《公民與政治權利國際公約》之間的區別並非全有或全無，昂貴或便宜，而是程度的問題。此外，也要注意，就連在冷戰期間，對這一點的見解也沒有嚴格地按照地緣政治路線出現分歧。有些西方民主國家成功地將自己打造成社會福利國家，雖然它們必須先繁榮經濟才能做到這一點。

同樣值得注意的是，在《公民與政治權利國際公約》與《經濟社會文化權利國際公約》起草時，五個不同類別的權利——公民權、政治權、社會權、經濟權、文化權——對當時仍不熟悉國際人權理念的世界來說，已經夠強大了。從那時起，我們目睹了進一步的擴展，例如加入了第六類的「團結權」。這些並不是個人權利，而是廣大民眾的集體訴求，包括和平權、環境保護權或經濟發展權，尤其對富裕的強國造成了負擔。

這些被提倡的權利也埋下了分歧的種子。雖然許多專家支持這類目標，但也有人認為，人權的語料庫愈大，每一項權利的分量就愈小，憂心擴張項目會造成稀釋。有些人擔心，當權利的概念被用於倡導個人主張以外的利益時，將會流於空洞。㊴如前文所述，我在本書的目的是重新審視人權的概念，而不管個人偏好的語料庫，因此目前我將繼續聚焦於獲得更大共識的權利。

因此，人權會全面提高成本。認為公民與政治權利「便宜」，而經濟、社會與文化權利「昂貴」，是過度簡化的看法。話雖如此，認為所有權利的成本相同，也同樣是過度簡化。雖然有些基本的社會與經濟需求，的確能以低成本滿足，但事實上，對大多數國家而言，確保所有社會與經濟權利的高水準，依然需要大量支出，也會衍生出對稅收與其他經濟政策的影響。如今就連人權方面表現良好的富裕國家，在所有社會與經濟權利的實現上，也往往難以達到高標準。㊵

對各種權利的權衡取捨

一九九三年，隨著數十國依序轉型成民主國家，在世界人權會議（World Conference on

Human Rights）齊聚一堂，為這波風潮總結出全面性的方案，也就是《維也納宣言與行動綱領》（Vienna Declaration and Programme of Action）。一如《世界人權宣言》，《維也納宣言與行動綱領》不是條約，也沒有法律約束力，但擁有相當大的權威，尤其是常被引用的「不可分性」（indivisibility）原則，內容如下：「所有人權都是普世的、不可分的、相互依存且相互關聯的。」[41]

在某些情況下，權利確實是相互關聯的。例如，詹姆斯．尼克爾（James Nickel）觀察到，正當程序權利（due process rights）「以在刑事審判中阻擋某些種族主義的展現，來支持平等權」。[42]然而，在其他情況下，這個邏輯似乎有點勉強。例如，原則上，一個政府雖然妨害人民的宗教自由，但可能會保障人民的食物權（right to food），讓這兩項權利的不可分性變得難以掌握。

在實踐中，不可分性原則似乎有兩層含義。

第一，它似乎代表「鬆散」的不可分性，反映的觀點是一個國家無視於其他權利，僅在某些權利上表現良好，並不足以滿足《世界人權宣言》所設想的人類尊嚴條件。「飽腹」的確能使一個人變得較健康，但還必須尊重其他權利，才能完全滿足人性的條件。

第二，主要監督機構即使對權利之間相互關係的性質與程度仍有懷疑，也接受相關的

「不從屬」（non- subordination）原則：從過去數十年來所發表的數千份報告中可以看出，所有《世界人權宣言》設想的權利，都應該被視為同等重要。沒有任何官方報告宣稱，有某種人權從屬於其他人權。但我們可能會發現，某些基於建構上的靈活性而出現的變通，例如，對有薪假的權利等是否能真正與其他人權相提並論的懷疑。但這類變通是輕微的，因為《世界人權宣言》所設想的大多數權利，都不屬於那種類型。因此，監督機構建議，原則上任何國家都不應認為有某些權利比其他權利更重要。

問題是，在財政拮据的情況下，即使是誠信行事的國家，也必須對尊重特定權利的程度做出選擇。支出的優先順序，不可避免地被轉譯成在不同的人權之間做選擇。這種選擇被坦率地說成「權衡」，這證明了官方尊崇「不從屬」原則，但監督機構的報告會刻意迴避這類建議。思考一下聯合國經濟、社會與文化權利委員會（UN Committee on Economic, Social and Cultural Rights）在二〇一八年針對全球最貧窮的國家之一「馬利」的報告。委員會知道馬利面對「安全、氣候與貧困相關的挑戰」，但又對擔心「該國可用於實現經濟、社會與文化權利計畫的可動用資源有限」。[43]這種論調一再出現於針對貧窮國家所做的報告中，以此避免針對報告對象做公開譴責，但我們仍該質疑，這類報告除了這些可套用於當代任何國家的開放性陳腔濫調之外，對馬利的政府應該做出哪些努力，有沒有提出任何具體建議。

腐敗的政府官員經常將公共基金中飽私囊。但即使排除政治失能或腐敗等問題，我們也會被迫做出一個難堪的結論。大多數國家只能以犧牲其他人權為代價，來保護某些人權。「不可分」或「不從屬」原則有時被天真地複誦，彷彿人權並不是個零和博弈，然而，即使假設尊重人權有助於經濟成長，任何可能增加成本的體制，在定義上都是零和博弈。投入更多資金改善校園衛生，就意味著刪減改善監獄衛生的資金；增加確保公平審判的支出，就意味著刪減對警察暴行的監督等等。總而言之，**大多數國家只能以忽視其他權利，來保護某些人權。**

人權專業人士在紐約或日內瓦啜飲咖啡時，坦承自己必須對某些違規行為視而不見，以換取對其他違規行為的關切。正是因為大多數國家會被迫做出這類權衡，人權專業人士對很多事只能模糊地默許。同樣的，如前所述，當代教條的確提及了「相對與漸進」的義務準則，但從未正式承認此教條必須對權利做出必要的權衡。官方的教條宣揚「不從屬性」，也就是沒有一種權利比其他權利更重要，然而，非官方的教條則是，某些權利永遠比其他權利更重要。人權在理論與實踐之間，有著極大的差距。

在任何資源有限的世界裡，人權的基本與構成要素，都不會是「不可分」或「不從屬」

原則，而是相反的「權衡」原則。一個人是否認為某個國家的權衡立意良善，通常取決於他個人的政治立場。當中國一邊開放經濟自由，一邊限制個人自由時，支持者會認為這是出於促進整體經濟繁榮的善；批評者則會認為這不過是以國安為藉口的惡。當美國一邊立法刪減對低收入工作者及失業者的基本保障，一邊為高收入者減稅時，支持者會認為這是出於遵循自由市場原則的善，反對者則會站在社會正義的觀點而斥其為惡。

需要注意的是，權衡原則並非與「不從屬」原則完全相互矛盾，但確實賦予了它新的含義。如果相信所有權利一律平等，那麼所有權衡就都同樣成立（也許諸如滅絕種族等暴行例外）。一個國家可以漠然地、合理地將資源投注於某三項權利，但忽略另外三項權利。我在下一章將說明為什麼這種典型的管理立場，仍與任何人權體制的理念相違悖。

✦ ✦ ✦

在本章，我總結了當代人權的一些主要特徵。在二十世紀，韋斯利・霍菲爾德與漢斯・凱爾森等理論家，界定出我所說的義務原則，將權利與某種法律義務做連結，定義出一種明確的法律概念。因此，人權唯有與國家所承擔的法律義務相連結時，才算是真正的合法權利。

然而，圍繞權利的問題，不僅出現在概念與定義，也出現在體制上。國際人權誕生於一個主權主義深度發展的世界裡，這解釋了隨其零星發展而來的許多複雜性，包括條約法與習慣法錯綜複雜的交織，以及功能經常有所重疊的國際及區域監督機構的過剩。

這種複雜性當然有缺點，因為它可能使一般大眾難以理解人權，但它也具有以擴散人權體系（即系統性冗餘）來提升全球權利意識的優點。然而，另一個體制問題依然存在，就是國際監督機構拒絕正式承認自己在這方面所做的權衡。他們堅持主張著人權的不可分性或不從屬性，但礙於經濟現實卻採取相反的作法，在默認權衡取捨的同時，放棄了不可分及不從屬原則。

Chapter 5

最高人權

THE MOST HUMAN RIGHT

回到上一章所舉的雷加里亞國的例子。它的獨裁者布魯德握有以法律約束所有公民的大權，自己卻不受任何法律約束。雷加里亞國保障《世界人權宣言》所宣揚的各種福祉，包括宗教自由、充裕糧食、全面性醫療保健、反歧視政策、禁止酷刑、提供人道的監禁條件，但僅在他大發慈悲心時會酌情進行。現在，假設雷加里亞國加入了《公民與政治權利國際公約》與《經濟社會文化權利國際公約》，但其目的不是因為想接受任何相關義務，而是為了公關目的做個樣子。

根據國際條約法，雷加里亞國政府如今正式受到各種人權的約束。大多數專家會主張，即使雷加里亞國沒有簽署這些公約，也必須尊重根據習慣法所界定的許多權利。即使如此，雷加里亞國的國內法並沒有規定提供這些保障的義務。

一些專家會堅稱，雷加里亞國只要實際履行其中的某些人類福祉，無論國內制度如何，就算履行了國際法所規定的所有相關義務。許多人會出於實用主義觀點認為，只要雷加里亞國有履行這些義務，我們就無須在法律細節上對其說教。但事實依然是，統治者布魯德可以（而且有時會）恣意授予及收回這些人類福祉，因此，對雷加里亞國而言，任何國際義務只是字面上的存在。

雷加里亞國這個例子之所以重要，是因為從古至今的許多國家，都與它相似。雷加里亞國懷疑著，除了國家提供口頭上算是權利的人類福祉之外，人權概念是否有任何意義。另外，假設雷加里亞國所提供的這類福祉，與許多正式將人權視為義務的國家所提供的一樣好或更好。聯合國監督機構也會單純地遵循既定程序，使用與挪威或紐西蘭同等的標準，來看待雷加里亞國的情況。雷加里亞國可能會受到比這兩國更嚴厲的評判，不過，美國與其他大多數國家也是如此。監督機構秉持著對必要權衡心照不宣的原則，對雷加里亞國的評估報告不太可能與對其他國家有多少差異，甚至可能看似比對一些民主國家的評估報告更好。

從這些監督機構的角度來看，國際人權概念除了口頭上的作用之外，實際上還能發揮哪些顯著的作用？它與純粹依清單履行福祉有何不同？可以說，監督機構評估的是雷加里亞國在排球上的表現，如同評估其他國家的排球水準，即使它在言行上打的是冰上曲棍球。換句話說，即使雷加里亞國明顯不接受任何真正的、非字面上的人權概念，監督機構也會評判雷加里亞國在人權方面的表現。

雷加里亞國不接受任何將人權視為權利的概念。我們該在乎嗎？只要雷加里亞國的人民享有相當數量的人類福祉，而且似乎沒有抱怨，那麼他們是否將這些人類福祉當作人權來享用，是否就不再重要了？這一切都只是語義學的遊戲嗎？無論我們使用的字眼是「福祉」（goods）還是「權利」（rights），真正的活動人士難道不關心實際人民的直接需求？

在本章中，我將論證「福祉管理體制」，與以公共領域言論自由為基礎的「公民導向的人權體制」之間，存在著無法跨越的鴻溝。對於雷加里亞國這種政權，當然可以使用那種「讓人權宛如奢侈品的人類福祉」之標準來評估。但如果監控機構只做到這一點，他們就應該坦承，世界上類似雷加里亞國的國家，根本無法以人權標準來認真評估。

權利與索求的關係

在數十年來發布的數千份主要監督機構的報告中，某些國家所受到的批評明顯比其他國家嚴厲。然而，即使記錄良好的國家也會被指出仍有改進的空間，大多是因為監督機構也要展示政治公正性。①這些機構當然考慮到弱勢國家可能會因為某些因素而難以重視人權，例如貧困、外來軍事入侵、國內動亂蔓延或天然災害，但權利本身仍然是固定的標準。例如，挪威可能因為在某三項權利的表現不夠好而遭到批評；俄羅斯則在另外三項權利方面遭到批評等等。

關於俄羅斯的報告可能會更加嚴厲，但這就是唯一的差異。評估的模板是任何國家都通用的，大多數國際主義者會辯稱，這麼做才能確保公平。不從屬原則以及對必要權衡的默認，意味著挪威與俄羅斯的唯一差異，僅有程度上的不同。根據監督的正式實踐，這兩個人權體制的唯一差異是在數量上，而不是在性質上。當前的國際實踐，讓我們失去了任何可以判斷挪威在本質上是人權體制、而俄羅斯在本質上不是人權體制的標準，事實上，這也不符合主要國際組織所制定的質性區別。

同樣的，一定會有某個監督機構發布一份批評雷加里亞國的報告。例如，它可能會關切雷加里亞國應該在其國內法範圍內，更加認真地行使其在國際法下的義務。也許，該報告還會在獨裁政權往往會限制政治參與、政治抗議等自由的假設下，建議雷加里亞國容許更多這類自由。然而，這些批評與每天針對聯合國成員國所發表的報告，幾乎沒有什麼不同。

與那些表面上宣稱接受、但私底下恣意違反人權條約的國家相比，針對雷加里亞國的報告，可能會相對溫和。因此，我們面臨了一個矛盾：權利是以義務為前提，而雷加里亞國不承認這類義務，但該國在履行《世界人權宣言》等條約所規定的人類福祉上，似乎比許多承認這類義務的國家做得更好。如果以威權體制管理福祉，可以讓雷加里亞國在這方面表現得比其他國家好，那麼人權這種權利還有什麼獨特的含義？

韋斯利·霍菲爾德向我們指出了一個答覆。他大膽地表示，如果我們「為『權利』這個詞尋找一個具有明確法律意義的同義詞，也許『索求』（claim）這個詞會被證明是最佳選擇。」②漢斯．凱爾森也做出了同樣的結論。對凱爾森而言，某些特定行為「被當作『權利』的內容」，也就是「被當作『索求』（Anspruch）的目標」，成為強加給任何特定方的法律義務。③他們將「權利」形容為「索求」，是什麼意思？法律權利似乎有兩種特性：第一，如同我們所看到的，一項法律權利蘊含一種義務；第二，一項法律權利預設了索求該義務被履行的機會。

順便說一句，有趣的是，霍菲爾德所用的英文單字‘claim’，語源為拉丁語的‘clamare’，意為呼喚、呼喊或叫嚻。凱爾森所用的德文單字‘Anspruch’，則與‘sprechen’有關，意為「說話」。然而，‘claim’這個單字可以有多種含義。例如，我可以主張（claim）月亮是乳酪做成的。

霍菲爾德與凱爾森的看法是，一項法律權利賦予我們對某事提出索求的權利。美國法律哲學家喬爾．范伯格（Joel Feinberg, 1926~2004）在這一點上做論證。假設比爾欠戴安娜兩萬美元。范伯格解釋，任何人都可以為戴安娜向比爾索求（claim）這兩萬美元，但只有戴安娜（或戴安娜的代表）可以透過法律程序向對方索求償還這兩萬美元。當戴安娜隔著柵欄與鄰居聊天，宣稱（claiming）比爾欠她兩萬美元時，她只是在描述一個特定情況。但當她在法庭上宣布「比爾欠我兩萬美元」時，她就執行了范伯格所說的「法律行為」。一旦一個人在法律上對某件事物提出索求，這個行為「本身就可以使事情發生」。④范伯格認為，「提出法律索求與純粹的宣稱之間的區別是，前者是有直接法律後果的法律行為，而後者通常僅是不具有法律效力的描述性評論。」⑤他補充道：「索求一個人所擁有的權利，或一個人對某件事物所擁有的權利的法律效力，是權利的概念所不可或缺的。」⑥

然而，這件「戴安娜訴比爾案」似乎還是沒能證明多少。戴安娜提出索求所需的言論自由，範圍似乎有點狹窄。比爾可以透過支付應付款項而無須訴訟來默許這項索求。然而，重要的是，戴安娜的索求預設了這類訴訟始終是其權利的背後保護。根據定義，即使對普通權利的索求，個人合法權利的前提是，至少自由到能使索求得到充分表達的言論範圍。霍菲爾德與凱爾森當然沒有探索這一點，因為這似乎明顯到不值得為此鑽研。此外，戴安娜對比爾提起訴訟所需的言論範圍，看起來可能有點小，但如果戴安娜隨後能夠提出證據，證明比爾曾行賄、法官有偏見、審判不公正等等，這個言論範圍可能就會立刻擴大。

下一步是將這些觀察結果套用在人權上。但在此之前，務必注意權利所預設的言論可能有多種形式。如果一個腐敗的法官做出有利於比爾的裁決，假設戴安娜的政權保障了相關言論自由，戴安娜可能會在一座公園裡站上肥皂箱譴責這個結果。「公園裡的肥皂箱」就是言論自由的典型象徵，儘管很少有人真的會這麼做。儘管街頭抗議活動依然存在，但如今肥皂箱通常變成了「網上發言」，「公園」則為社交媒體網站所取代。然而，即使是不同類型的言論，也絕不會消耗掉追求權利所預設的言論自由範圍。例如，在常見的情況下，戴安娜通常要做的就是填一些表格。她可以委託律師進行整場訴訟，無須直接處理此事。

然而，就連那些標準流程，也只是旨在保護戴安娜之權利的溝通步驟。填寫表格是一種溝通模式。只有當律師享有追究法律索求所需的充分言論自由時，聘請律師才有意義。假設比爾找了一群黑幫來恐嚇戴安娜與律師，阻止他們提出訴訟或以其他方式進行索求，並且還賄賂官員讓他們不要保護戴安娜。在這種情況下，由於必要的溝通管道被封鎖，戴安娜無法提出索求。

但是，我們是否應該說，權利存在的先決條件不是言論自由，而是公共安全，以及就這一點而言，如果戴安娜堅持她的索求，食物、飲水、醫療等事項看起來也同樣不可或缺？

看看另一位法律哲學家的反對意見：「一個人提出索求……並不意味著他必須能夠以言語的形式主張這個索求。也許法律制度有一個程序能供你提出『索求』，但其他什麼事也不做。如果這種索求獲得保障，那麼就看不出索求的權利……是否需要以言語表達了。」⑦然而，這裡的提出索求，也是透過通知正在試圖滿足這項索求的當局，來進行溝通。這位法律哲學家想像中的社會，可能有一個總是會做出令人滿意之回應的政府，因此言論自由只是一項權利中一個微不足道的部分，提出索求就像按下咖啡機上的按鈕一樣容易，權利能透過咖啡機般的機械式機制獲得保障。

問題是，在這種情境下，權利的概念失去了任何明確的意義。對權利的保障，淪為單純的提供人類福祉，權利不再扮演有意義的角色。權利制度是一種獲得人類福祉的手段，如果它要維持任何獨特的特徵，就是以索求（claims）做為溝通的工具。當然，不論是在民主的人權體制、中世紀的君主制、神權政治、軍政府或科技專制（technocratic dictatorship）的統治下，若要追求我們的權利，充足的食物、水、公共安全或醫療，都是不可或缺的，而且在維持基本或所需的人類福祉上，它們同樣是不可或缺的。

唯有言論自由才是透過權利來獲得人類福祉的獨特之處，它與其他獲得人類福祉的手段不同，因為個人不僅是福祉的受益人，也是追求這些福祉的積極代理人。積極的追求意味著積極的溝通。言論自由是積極追求基本或所需的人類福祉的前提。權利之所以存在，是因為我們通常無法預設人們只要按下按鈕就能輕鬆獲得基本或所需的人類福祉。

可能有人會進一步質疑，韋斯利．霍菲爾德與漢斯．凱爾森並沒有理由要使用「索求」（Claim / Anspruch）這個詞，來解釋權利如何運作。如同前述作者所主張的：「假設我們使用Schmaim這個詞」——一個與「說話」沒有歷史或詞源關係的新造象徵詞——「來表達你對某件事物擁有權利，並且必須能夠主張或要求此權利獲得保障。」根據這種思路：「做Schmaim的人必須經歷一個要求權利獲得保障的過程，但這（過程）並不一定得採類似說話的形式。」

然而，「言論」（speech）的概念，在法律中一直被簡化成各種表達與溝通，也包括非語言性的表達與溝通的簡稱。因此，不存在「不需要採取類似言論的形式」的「要求」。如果《摩登原始人》的主角弗萊德（Fred Flintstone）指著一個雷龍漢堡（bronto burger）並以棍子敲桌，一句話也沒說地提出一個「要求」（demand），這非言語性的動作依然是一種溝通，⑧如同揮舞和平標誌、焚燒國旗，或發動一場靜坐抗議，依然屬於溝通的範疇。⑨若不進行任何溝通，一個人提出「要求」或敦促、請求、建議、哀求、懇求或告誡，就沒有意義了。

論述原則

關於普通權利的日常衝突，通常屬於戴安娜訴比爾案的類型。在運作良好的法律體系下，它們以溝通為前提，極少是屬於可能對言論自由所扮演的角色產生質疑的爭議性類型。

就連專制獨裁國家的法院，通常也能解決此類案件，只要討論的範圍不是那種會對政府或其他高層機構構成風險或挑戰的例行公事。

相對的，《世界人權宣言》所涵蓋的福祉範圍甚廣，意味著人權必須以極大程度的言論自由為前提。此外，在人權的世界裡，一項索求（claim to）與索求行為（claiming that）之間的關係，發生了根本性的變化，「索求行為」在突然之間變得不僅是隔著柵欄聊天。如我們所看到的，對人權的追求在許多層級上發生，而且不完全甚至不主要是透過成熟的司法程序。民意的變化可能改變結果，而民意又是受索求所影響。可能今天隔著柵欄聊天的內容，到了明天就如滾雪球般發展成一場草根性的運動。

有鑑於人權的內容、廣度及催生它們的無窮無盡文化背景，追求人權並沒有單一的最佳途徑。有時最佳選項可能是法庭，有時是向行政官員申訴，有時可能是向民意代表請願。因此，一個古老的問題再度浮上檯面：由誰監管那個監督之人？負有責任者如何被追究責任？對於正確或錯誤地[10]相信立法機關、法院或機構無法保護他們人權的人士而言，還有哪些索求權可用？在一切都失敗後，終極的索求權就僅能透過每個人在表達異議、動員及對抗上的自由，一言以蔽之，就是說話的自由。康德曾說，言論自由仍是「人民權利的唯一金鑰」。[11]

個人必須維持廣泛的自由，來抗議對權利的現有詮釋，並提議導入新的權利，或是改變或擴大已確立的詮釋。唯有當我能公開為這些權利被剝奪提出抗議，或是其他人能代表我這麼做時，我才擁有獲得公平審判、人道的拘留狀況、接受醫療等的人權。即使我的權利沒被剝奪，我也必須保有這種特權，正如德雷德．史考特、布萊偉或普萊西等案所證明的，這個問題往往更傾向詮釋，而不是事實。

人權與國家義務有關，但也與在安全且穩固的公開表達範圍內，公開審查這些義務的詮釋及履行的可能性有關。在本書接下來的篇章裡，我將把這種條件稱為權利的「論述原則」（discursive principle），它也是與義務原則並列的基本要素之一。[12]當然，「安全」、「穩固」、「公開表達」與「言論自由」本身，都是可開放性詮釋的詞彙，我將在第六章再回頭討論。

光是主張「言論自由有助於人權」，是不夠的。畢竟，回想一下，「不可分」原則在廣義上是正確的，也就是對大多數權利的保護，在某種意義上確實有助於保護其他權利。我當然需要吃飯，有合宜的住居也能讓我受益。如果我想有效地爭取權利，這兩者都是不可或缺的。所以，我並不是說這個觀察不正確。相反的，我會說它有一半是正確的。它幾乎適用於任何司法體系，但它沒有告訴我們，人權有哪些區別。此外，從古到今的許多體系中，有些發言的機會可以幫助人們追求正義；許多傳統都擁有內部諮詢網絡，但「諮詢」將最終的控制權留給了上級，以決定諮詢誰、在何時諮詢，以及由誰代表誰發言。當個人缺乏進入安全且穩固的公共領域管道時，「人權」與「人類福祉」就變得無法區分。

的確，其他信仰體系中都有《世界人權宣言》所揭櫫的價值觀，但若這個事實僅意味著各種管理體系所承認的人類福祉有所重疊，那麼這些體系與人權的相容性就完全沒有得到證明。唯有透過論述原則，這種重疊才會成為可能。

諾貝爾獎得主阿馬蒂亞．森（Amartya Sen）在一份著名的聲明中寫道：「嚴重的饑荒從來沒有發生在擁有民主政體及相對高度新聞自由的國家。」⑬阿馬蒂亞．森舉饑荒這個例子，並不是為了將食物從其他的人類福祉中區分出來，只是從醫療、教育等多種人類福祉裡挑出一個例子。他觀察到，人類福祉的有效管理，取決於公民要求政府承擔責任的能力。

然而，就連將言論自由合理化，也是工具性且結果論的。換句話說，在沒有言論自由的情況下防止饑荒並保障其他福祉，原則上是有可能的，那麼言論自由就會被證明並非追求人權不可或缺的要素。阿馬蒂亞．森非常正確地點出了言論自由與人權的關聯，但還是太少。

其他作者也從經驗上論證言論自由與較佳的人權表現有關。⑭然而，他們這麼做所開啟的可能性是：有朝一日大家將發現，一個非民主國家在許多國際權利語料庫所涵蓋的人類福祉方面，表現良好。這些作者引用的證據，無疑為論述原則爭取到一些支持，但我的觀點是，論述原則不僅是觀察上的問題，也是定義上的問題。根據定義，即使是在保障人類福祉方面表現良好的國家，若不能保障安全且範圍廣泛的公共言論自由，就絕不會保障人權。

「論述原則」與「義務原則」對人權的存在，是同等重要的先決條件，兩者的運作順序如下。首先，根據義務原則，一項人權與一項國家義務產生關聯。接下來，只有論述原則才能保障個人能徹底追求這項人權。不同於「人類福祉」的概念，「人權」的任何嚴肅且明確的意涵中，原本就必須包含公開追求它們的可能性。⑮

在前文中，我曾建議無論一個人偏好哪一種人權語料庫，都必須符合論述原則。那麼，可以試著想像有一個非常小的語料庫，內容僅包含少數最傳統的公民與政治權利。那麼，普遍的言論自由是否還有必要？一個人需要多少討論食物或住房的自由？然而，這就是為什麼我主張公民追求權利的特權，必須包含擴大或重新詮釋既有語料庫的特權。⑯

德雷德．史考特、布萊偉與普萊西案提醒我們，今天看似牽強的要求，可能在明天成為當務之急，無論我們談的是重新詮釋既有權利還是導入新的權利。如果我被禁止引用及批判性地討論營養不良的案例，就幾乎無法有效宣揚獲得充足糧食的權利。

當然，挨餓的人可能無法太關心人類福祉與權利之間、管理體制與權利體制之間的區別。但是，如果我們認為，重要的不僅是人們能得到什麼，還有他們得到權利的能力；如果我們認為，重要的不僅是公民能否成為政治參與者，還有人類福祉是被積極追求還是被消極管理，那麼差異就變得很根本了。

回顧歷史，在史達林（Stalin）領導下的蘇聯或毛澤東領導下的中國，對某些人提供某些人類福祉的情況，的確有所改善。史達林與毛澤東都可以在口頭上承認他們的國家有「義務」這麼做。但這些人類福祉都不是被當作個人權利提供的，即使他們有時會如同現今的專制國家，在國際論壇上大肆宣揚自己保障了這些口頭上的權利。

為什麼論述原則會被忽視？答案顯而易見，但也可能很複雜。在繼續討論之前，我先試著以短短幾段文字為它們做個總結。個人合法權利的前提是，至少要擁有範圍大到能讓索求獲得充分且公平裁決的言論自由，但由於韋斯利．霍菲爾德與漢斯．凱爾森等作者沒有探索過這種情況，他們的讀者可能很容易忽略它，甚至產生相反的印象，也就是認為「言論自由不是最重要的」。各位讀者可能已經得出了專家普遍的推測：任何法律體系中必然包含言論自由權，但這種權利絕不優先於其他權利，而是讓權利成為合法權利的必要條件。

例如，哲學家約翰・芬尼斯（John Finnis）在一九八〇年出版了《自然法與自然權》（*Natural Law and Natural Rights*），試圖建立他視為人類某些關鍵特徵的高階權利。芬尼斯毫不保留地採用了韋斯利・霍菲爾德的分析，[17]但並未讓言論自由扮演主要的角色。其他作者在這方面也遵循芬尼斯的路線，即使有些人採用的是截然不同的方法。數十年後，詹姆斯・格里芬（James Griffin）在二〇〇八年出版的《論人權》（*On Human Rights*），透過大量與現有國際體系接觸，脫離了芬尼斯的路線，但在其他方面仍維持傳統的人權概念，對言論方面並沒有特別關注。[18]他們的擁護者可能會主張：他們的模式預設了一個兩步程序：如果言論自由權遭到無可容忍的侵犯，那麼個人可以先為該項權利興訟，接下來再對其他權利與訟。如此一來，這個順序就能證實，言論自由確實是追求其他權利的先決條件或同時條件。

在《國際人權》（*International Human Rights*）一書中，傑克・唐納利（Jack Donnelly）與丹尼爾・惠蘭（Daniel Whelan）以霍菲爾德的詞彙來定義一項權利，但沒有引用霍菲爾德的原文內容；這種情況證明了霍菲爾德的影響力有多大。他們認為，當我們斷言「A對B擁有X的權利」時，我們的意思是：「權利持有者（A）與義務承擔者（B）因為A的權利對象（X）而有著某種特別的關係。」[19]然而，他們也沒有繼續對「索求」及其對言論自由的影響做檢證。芬尼斯在對霍菲爾德的六頁討論中，結合了霍菲爾德的嚴格分析傳統，但唐納利與惠蘭則是以政治學家的身分寫作。他們的目的是將大量人權相關的歷史、政治及制度性資料融合起來，但不將它們鎖定在任何固定的定義上。在這方面，他們與詹姆斯·尼克爾[20]及查爾斯·拜茨（Charles Beitz）[21]等學者較為接近。

人權專業人士傾向於主張：言論自由為提出索求的必要條件，而這與食物、飲水及其他任何權利為必要條件的意義是等同的；但霍菲爾德與凱爾森從未檢證這種意義上的「必要性」，僅關注個人的法律權利是否可能存在。他們當然也會同意，在一個人必須出庭時，填飽肚子是有幫助的。但是，回到前文引用的霍菲爾德的字句，當他寫道「『索求』這個詞將被證明是『權利』的最佳同義詞」時，在對索求的看法中概念性地預設了溝通。那句話在定義中預設了溝通，卻不將食物、飲水、免受酷刑的保障，甚至接受公平審判等預設為必需品，唯一做到的只有「審判主要是由對話所構成」。唯有在言論自由已經成為一種權利的情況下，這些人類福祉才能成為權利。

從言論自由到民主

然而，如果專制國家能提供國際法所承諾的許多人類福祉，難道「表達自由」不能是其中一項嗎？誠然，不同的帝國與君主政體，包括中國、波斯、羅馬、波旁、日本、普魯士、哈布斯堡、鄂圖曼等，也不乏對表達自由相對寬容的時期。歷史上的非民主政體，也一直為了了解民眾的需求與願望，而保有協商網絡。儘管如此，如果政府握有今天容許言論自由、明天卻懲罰發言者的裁量權，公共對話領域就不可能出現人權的發展基礎。

如果人存在的首要條件是生命，那麼公民存在的首要條件就是言論。許多因素可能使一個國家成為一個合法國家，但只有受保護的公共對話領域，才能使其成為一個合法民主國家。例如，不虐待囚犯、保障公平審判或避免饑荒，都是賦予國家合法地位的政策。如果要朝民主政體發展，這些政策就是順利往前邁進的步驟，但它們都不足以使國家民主化。一個國家不必為了減少酷刑或確保糧食而成為民主國家，這就是歷史上大多數司法體系都沒有以民主為前提的原因之一。民主社會的發展的確需要糧食與飲水，但這是因為任何社會都需要糧食與飲水。

那麼民主有什麼特點呢？「人們是自由的」可能是一個答案，但這是指在哪種意義上的自由？交易上的自由？實踐宗教信仰的自由？選擇性伴侶的自由？擁有及使用槍支的自由？吃硬性毒品的自由？就如同「正義」或「公正」，「自由」也可以有許多不同的定義。

但民主還會有哪些特點？「公民有投票權」是另一個常聽到的答案，但投票的時間在一年裡僅占區區幾分鐘。我的問題並非「是什麼能讓我們在這一分鐘內享有民主」，而是「什麼能讓我們無時無刻都享有民主」，因此唯一的答案就是：言論自由。就連投票也不過是一種正式的發言程序。

奇妙的是，在大多數日耳曼系的語言裡，「投票」與「聲音」（voice）是同一個詞，其德文是‘Stimme’、荷蘭文是‘stem’、丹麥文則是‘stemme’。英文‘vote’的字源，可以追溯到保證（pledging）或「立誓」（vowing, vovere）的莊嚴性，[22]就連投票（voting）也源於某種構成它的根本性。投票與「談話」（speaking）沒什麼不同，但更接近一種典型的談話方式。

有個由來已久的概念是：唯有包括舉辦自由且公平競爭的選舉在內的民主程序，才能賦予政治過程與政治結果合法性。在後冷戰時期的樂觀氣氛下，湯瑪斯．法蘭克（Thomas Franck）認為，將民主合法性強加於國內政治過程的規範，構成了國際法的一部分。[23]我很高興法蘭克的觀點約略支持了我的觀點，但還是遠遠不足。它所根據的是國際法與國際體制在一個極度樂觀時期下的狀況，但這種觀點流於暫時性。就定義上而言，一定要有民主才會有人權，不能只看政治風向正確的時期。

我心目中的民主，永遠不可能是粗暴的多數民主；這類民主恣意消滅了少數人的決定，只要在民意上占多數就必須通過。當代人權體制的目標之一，就是避免這種結果，而且這也是為了避免政府權力濫用而建立的當代憲政民主體制的目標之一。

人們必須建立的是一種包容性的憲政民主，讓一個公民在其他公民都反對的情況下，也能發表自己的主張，例如許多人可能反對的、看似牽強的權利索求。這項索求可能會失敗，但人權體制必須能保障一個人持續追求它的機會。各種政權可能會容許或多或少的言論自由，但唯有憲政民主制度才會將成熟的言論自由領域視為基礎。㉔因此，這個邏輯可以被化約成：**必須有言論自由，才會有人權；必須有憲政民主，才會有言論自由。因此，必須有憲政民主，才會有人權。**

假設有另一個名為德莫克拉蒂亞國（Democratia）的國家，它保持著一個安全且穩固的公共話語領域，但在刑事司法、人種歧視及醫療等方面的紀錄卻很差。儘管存在缺陷，德莫克拉蒂亞國還是有資格被視為一個人權國家，因為它保障了個人公開索求那些被視為合法權利的人類福祉的可能性。同樣的，國際監督機構的標準作法，是告誡德莫克拉蒂亞國在某三項權利方面表現欠佳，就如同他們告誡雷加里亞國在另三項權利上的表現還有進步空間。將這兩份報告加以比對，你可能會發現沒什麼單純的方法能比較出這兩個國家的整體情況，甚至可能會感覺雷加里亞國的表現比較好。

再一次，對大多數國際主義者而言，以同樣的標準評估德莫克拉蒂亞國與雷加里亞國的想法，有助於證明該體系的公平性。但事實上，它證明的是國際人權的消亡，甚至證明國際人權從未真正誕生過。雷加里亞國與德莫克拉蒂亞國在人權的執行上，存在不同的缺陷。將雷加里亞國視同與其他許多國家一樣「有缺陷」，以及每個國家之間僅存在著違規細節上的差異，這就是犯了分類上的錯誤。

然而，這個錯誤已成為國際組織與專家一貫的作法。他們的動機值得讚許，也就是讓許多國家參與這個體系，透過包容的精神促進人權保障，或者也能藉此規避受西方價值宰治的批評。但是，雷加里亞國並沒有提出任何保障人權概念，或實踐人權概念的不同方法。它並不是一個有缺陷的人權國家，而是一個非人權國家。雖然它提供人類福祉，卻不將其視為人權，也不會透過徹底追求合法權利來提供。

任何專制政權自我吹噓的人權，表現不僅不完美，而且還自相矛盾。以同樣的標準來評估挪威與金氏家族統治的北韓所提供的人類福祉，看似完全合理，如此一來，北韓只會得到較低的評分。然而，將兩國放在相同的尺度上來評估它們的人權表現，「人類福祉」與「人權」之間的任何差異將不復存在，任何關於人權的明確法律概念也將遭到破壞，讓人權概念淪為空談。

除非一份報告具體提到了普丁統治的俄羅斯、習近平統治的中國或艾爾段（Erdoğan）統治的土耳其根本不尊重人權，否則一個國家的表現好壞，將與它所具備的體制毫無關係。如前所述，我可以坐在體育場館，評論球員在球場上滑行並將曲棍球射入球門的技巧，但我無法評估他們排球球技的好壞，因為他們打的是冰上曲棍球。

或者，如果倉鼠在身體構造和解剖學上，是為了獵捕斑馬而演化出來的，我們只能在此意義上稱「倉鼠獵捕斑馬的能力不佳」。然而，倉鼠並不具備「有缺陷的」或「替代性的」獵捕斑馬能力。獅子與倉鼠之間的真正差異，不在於倉鼠不具備獵捕斑馬的能力。將獅子評為優秀、將倉鼠評為差勁的斑馬獵捕者，就是將動物學簡化成外交，將解剖學簡化成修辭，只是為了把倉鼠留在比較的範圍裡。

若要解讀得寬容些，雷加里亞國這種家長式的人類福祉管理者，正如歷史上許多政府的作為，通常會得到民眾的認可。但如果這是大家追求的，我們就不需要人權了。如此一來，人權的概念就流於空洞，我們也該停止透過不斷引用已經失去意義的廢話來誤導世界。

美國、印度或巴西等國，可以也應該被稱為在人權表現上有缺陷的國家。這些國家透過由合理（儘管遠非完美）的自由表達管道所支持的程序，即使對許多權利保護不力，原則上也有義務保障人權。這些國家的失敗與透過全面壓制言論、無意保障人權的國家並不等同。

即使普丁統治的俄羅斯、習近平統治的中國、艾爾段統治的土耳其或哈米尼（Khamenei）統治的伊朗，確實有提供重要的人類福祉，但就定義上而言，它們並不是人權。

為了避免這種結果，當代國際建制將人權定位為政治上超然的，或與政治無關的，適用於各類政治類型的所有政權。但這種理想是自相矛盾的。既是所有政治類型的組成部分，卻又神奇地與政治無關的獨立規範體系，是不可能存在的。只要人權以民主為先決條件，它們就會在選擇上偏好某些類型的政權、排斥其他類型的政權。人權的可能性，在先天上就會把非民主國家排除在外。

不過，務實主義者或活動人士可能沒多少耐心釐清這種「權利」與「人類福祉」的區別。有些人可能會回答：「你所謂的『人類福祉』還是『權利』對我來說毫無區別。我只在乎如何在此時、此地幫到這些人。」這種回應並非迴避哲學，而是預設一種自己的哲學，務實的立場經常是如此。它所預設的哲學是，我們必須盡可能改善福祉欠佳的生存條件，而不是浪費時間在釐清概念上的細微差異。我不反對這種立場，但還是需要對此坦誠。這種立場只支持我的論點，也就是主流的國際權利概念與隨人定義的人類福祉概念，是能輕易互換的，而這並不會造成任何意義上的改變。

不同於其他批評者，我並不打算大力抨擊聯合國。我承認，聯合國是一個包羅萬象的組織，可以執行許多工作，其中一些做得很好。我也不是在重複當前的國際建制不切實際或無效失能的老掉牙抱怨。我承認，論述原則可能看起來有點烏托邦色彩，原因很簡單，那就是最極權的國家永遠不會採用它。但這種反對也只是證實了國際主義者多麼容易以管理模式取代人權模式，不論他們的立意多麼良善。

一個國家不太可能採用「論述原則」這一點，理應不足為奇。任何嚴肅而詳細的正義理論，都必須接受高標準，而這是政權無法輕易做到的。國際語料庫在《世界人權宣言》發表後的數十年裡，得到迅速且廣泛的認可，當然讓我們寄予厚望，但其實也發出一些警訊。懷著全世界最良善的初衷，國際社會將人權貶低成了形同供大學生暢飲的免費啤酒般的道德等價物，條件是他們必須參加由一位即將退休的系主任所講述的快樂美德十分鐘講座。這代價低到幾乎人人都能參加。沒錯，人權標準的擴散的確提升了全球意識，但人權體系需要的不只這些。

有些人認為，期望一個國家在能滿足食物與住居等基本需求之前，就對言論自由提供強而有力的保障，是不實際的，但是，我在將論述原則加到義務原則之上時，並沒有排出任何嚴格的時間順序。在某時某地應該優先考慮哪些福祉，可能會引發爭議。需要實施多久的管理模式，才能開始實施人權模式，同樣可能引發爭議，儘管一句「不切實際」是避免採取行動的歷久不衰之古老王牌。

伊麗莎白．凱迪．斯坦頓與蘇珊．安東尼不斷被告知，他們的目的是合理的，但過於倉促。弗雷德里克．道格拉斯不斷被告知，非裔美國人應該享有平等的權利，但現在還不是時候。南非種族隔離的反對者也聽過同樣的回答。

試著想像：普丁統治的俄羅斯或艾爾段統治的土耳其，突然對個人言論自由採取強力的保護措施，並透過真正的民主規範加以保障，這兩國就會成為人權體制，尤其是撇開習慣法不談，它們都簽署了夠多的條約，代表它們盡了形式上的義務。但這兩國被要求的轉型，就只會到現今的程度。當一個政府將其他福祉看得比言論自由更重要時，就意味著，不論對錯，它都會拒絕建立人權體制。這種選擇是否站得住腳，是一個獨立的問題，而有很多人會站在普丁及艾爾段那一邊。

民主的困境

再一次，如果我們要問「民主」是什麼意思，有些人可能會回答，它是一個可供公民競選公職與投票的制度；但其他人會說，它是一個保護個人權利的制度。民主與個人權利的概念，已經是如此緊密交織，以至於我們談起時，經常會把這兩者當成同樣的東西看待，㉕然而，它們的關係一直是緊繃的。

正如我們在每本教科書所看到的，民主的概念源自希臘語 'dēmokratía'，意為「由人民統治」。古典時期的雅典就是民主的濫觴，按照古代的標準，它是一個充滿活力的民主國家，但不存在任何高階權利的概念，這些權利直到啟蒙運動時代才開始以系統性的、至少算準法律的形式出現。西元前三九九年，由數百名公民組成的議會，投票決定判處蘇格拉底死刑，並以多數票通過。當時並沒有高階權利來保護他。（蘇格拉底的罪行是什麼？他被控藉由質疑青年對雅典思想所持有的主流認知來「腐化青年」。今天，我們會稱之為言論罪。）㉖

民主本身並不以人權為先決條件，但人權確實以民主，或者更確切地說，以憲政民主為先決條件。然而，現在的問題是，一旦我們面對《世界人權宣言》般內容廣泛的權利語料庫，懷疑論者會開始反對，認為其主張的社會問題幾乎沒有一個能以民主方式決定，因為它們有很大一部分是由人權決定的，通常是由選舉產生的立法機關所任命的法官來判定。考量到保障許多權利所需的成本，以及在某些情況下需要龐大的國家機器，讓人不禁擔心最終會演變成一個權力不斷增長、民主程度則不斷萎縮的國家。

國際主義者會回答，難以想像還有什麼民主程序能導出將酷刑、不公平審判與其他違反《世界人權宣言》的行為視為道德錯誤的結論，因此這些是有助於強化民主的限制。

有些人會擔心一個詳盡無遺的高階法律權利體制，反而會創造出傲慢的獨裁，因為權利本來應該是將我們從傲慢獨裁中解放出來的。但這種恐懼並沒有仔細區分「消極」與「積極」權利。例如，我們在美國所看到的，爭取墮胎權或推廣LGBTQ+權利的努力，會激起一些人的強烈不滿；這些人對這些權利的高階法律基礎有所懷疑，並認為必須靠民主表決做出決定。雖然LGBTQ+權利仍經常遭到抵制，但對許多國際組織而言比較不是問題，因為它們更容易在現有的人權文本中立足。[27]

相較之下，各種機構在主張提高產婦護理及計畫生育的標準時，將人權法推展到了極限，但仍未能將可能引起許多政府反彈的墮胎權納入國際人權法。

因此，與權利的存在、內容及詮釋相關的兩個軸線似乎是緊密相連的。表5.1說明了主權主義軸線與國際主義軸線，以及支持權利體制軸線與反對權利體制軸線之間的關係。一個支持權利的國家，認為較高的個人權利會對政府權力，甚至對多數人支持的法律造成牽制。因此，如方框1所示，一些主權主義者支持權利，但僅限於由國家決定及詮釋的權利。相較之下，其他支持權利的聲音，讓國際法扮演決定性的角色，如方框3所示。即使在方框3中，重要的是用國際程序來補足國內程序，而不是取代國內程序。通常的期望是，國際建制在有國內法大力支持的情況下，效果最好。在方框1中，國際法則沒有這種補充作用。

那些反對權利的國家，不會讓可能凌駕於政府權力之上的更高個人權利扮演任何角色。在這種情況下，即使該國已經立法通過或在字面上達成協議，也根本不可能成為真正的人權體制。如果所有這些權力（power）都集中在國家手中，那麼，如方框2所示，就表示該政權是專制的。最後，有些國家同意在全球旅行、貿易或軍事聯盟下能獲得實質利益的領域，接受國際法的約束，但在人權領域則否。在方框4中，我將它們歸類為「放任式國際主義」（laissez- faire internationalism）。

表5.1並未總結所有可能的政治模式，而是聚焦於可被歸類為屬於支持權利還是反對權利，屬於主權主義還是國際主義的模式。

表 5.1：主權主義與國際主義的權利觀

	主權主義者	**國際主義者**
支持權利 高階個人權利**可以**合法地勝過某些政府權力。	**1** **國內憲政** 可以接受高階個人權利，但只能在國內法的範圍內被採納及詮釋。	**3** **國際人權** 高階個人權利應透過國際機構來決定、監督及實施（不是取代，而是補足國家體制）。
反對權利 高階個人權利**不能**合法地勝過任何政府權力。	**2** **國內專制** 無論是否民主，法律及政策均應由國內政府控制，不受國內或國際高階權利所限制。	**4** **放任式國際主義** 國際關係可能著重於全球旅行、貿易或軍事聯盟，但不會透過國際法或國際機構來決定、監督或實施高階個人權利。

不同的民主政體分布於光譜上的不同位置。在反對權利的終端，民主政體變成了野蠻的多數主義。在支持權利的終端，我們發現一個權利體制是如此全面，以至於民主決策的領域有可能最終讓步給次要問題，充其量只能觸及重要政治或道德問題的皮毛。諷刺的是，有些人會發現，就連這樣的政權也極具管理性格，但只要論述原則有助於個人追求自己的權利，那麼，這種頭重腳輕的行政雖然會引起我們對期望之民主的擔憂，但並不會危及人權體制。不出奇的，如今的爭論較集中於我們應該擁有哪些高階法律權利，以及它們該套用在多大的範圍內，而非它們是否應該存在。

各國的民主指數

是否能直截了當地將全世界所有國家劃分成民主國家與非民主國家？即使在富裕的西方民主國家，於法律、政治與文化層面可能也有著很大的差異。或許你對美國的民主十分了解，但這不一定代表你就能深入了解荷蘭或日本的制度。那麼應該根據哪些標準，來判斷一個國家的體制是否民主到足以保障人權？

二〇〇六年，《經濟學人》發布了以世界各國為評估對象的年度民主指數報告。[28]《經濟學人》長年來一直是宣揚自由貿易價值的領導媒體，而這種價值在很大程度上是由英美文化圈所開創的。一些讀者可能會懷疑編輯給英美這類重要國家較高的評價，將這些報導斥為全球資本主義的喉舌。

然而，排名最高的國家，通常是再分配經濟色彩濃厚的社會民主國家，在某些年度中，美國的排名甚至難以擠進被編輯譽為「完全民主國家」（full democracies）的前段班。英國的福利制度不如表現最好的國家，但仍優於美國，表現得可圈可點，卻也從未躋身領先的民主國家之列。經由一些地緣政治性的比較，可以證明編輯並不會偏袒區域性自由市場霸主：愛爾蘭多次優於英國，紐西蘭多次優於澳洲，加拿大多次優於美國。

《經濟學人》的編輯避免劃清民主國家與非民主國家的界線，而是提出一種滑動比例，將國家評為四種類型：「完全民主」、「有瑕疵的民主」（flawed democracies）、「混合政權」（hybrid regimes）與「威權政權」（authoritarian regimes）。二〇二〇年的分類結果如下：有二十三國（占全球人口八．四％）被評為完全民主國家，五十二國（占全球人口四十一％）被評為有瑕疵的民主國家，三十五國（占全球人口的十五％）被評為混合政權國家。令人驚訝的是統治全球三分之一以上人口（三十五．六％）的五十七國，被列為威權國家。

這些是依據「選舉過程」、「政府運作」、「政治參與」、「政治文化」與「公民自由」等標準，所得出的分類結果，結果本身是開放性的。將某些國家歸入某些類別，可能會有爭議，但我的目的並不是詳細審查這些結果，只是想點出能以某些標準，來判定公民在哪些社會中能或不能參與公共對話，以爭取自身的權利。在某些年份，民主指數所評點的完全民主國家，還不到二十國。

然而，即使編輯試圖避免對資本主義治理模式一邊倒的偏袒，這份報告是否依然是西方偏見的產物？有鑑於保障人權的成本並不低，富裕的西方社會的確享有競爭優勢。然而，波札那、維德角、哥斯大黎加、模里西斯及烏拉圭等國，也在名列前茅的國家之列。不消說，「完全」並不代表「完美」，因此，國際監督機構仍然會在完全民主的國家中發現侵權行為，例如，「Q訴丹麥案」（Q v. Denmark）。當一個原本稱職的聯合國人權機構，批評挪威及紐西蘭，甚至美國、印度或南非等國家時，當然可以做出這些國家正在履行真正人權職能的評論，因為這些國家對公共領域的言論自由，已經提供了還算合理的保障。

因此，拋開有關實施、監督及執行上困難的實際問題，我們可以公平地說，國際人權體制確實存在於少數「完全」民主國家，以及一些「有瑕疵的」民主國家。基於這一點，我會欣然承認，人權確實是在可敬的少數國家的國內法律體系中誕生的。

然而，只要挪威與北韓依然被以相同的標準做評估，只是挪威的表現較佳，那麼一個真正的國際人權體制的誕生，依然是遙遙無期。有人可能會反駁說，儘管白俄羅斯與吉爾吉斯的年度民主指數排名偏低，但科祖林與埃爾納扎羅夫的個案，仍然引起了對言論自由的足夠關切，並在最後被提交給聯合國人權委員會審查。依照這種方式，我們可能會決定逐案審查每件爭議，以判定其中能保障多少言論自由。

但這種策略不會有任何結果，尤其是我們難以發現由於審查及其他寒蟬效應而從未被曝光的案件。這類案件在非民主國家通常是由希望引起注意的律師、活動人士或記者，冒著極大風險揭露的，其中也經常有國外的非政府組織或專家提供協助。這類非政府組織，經常被威權政權貶為境外勢力的白手套或臥底。[29]

論述原則之所以難以推廣，是因為不僅專制國家會抵制它，聯合國也會抵制它，但這不是出於任何務實的原因。例如，聯合國人權委員會可以輕易地將世界各國劃分成言論自由得到充分保障、公民可追求自身權利的第一組國家，以及不是如此的第二組國家，可能再來個介於兩者之間、言論自由的地位難以確定的第三組國家。然後，委員會可以針對第一組國家發表真正的人權報告，針對第二組及第三組國家則僅依據人類福祉的提供狀況做評估。但在實踐上，這種方法會激怒許多政府，甚至可能會激怒一些依然執著於當前體制的專家。

與民主競爭的管理主義

但是，全球經濟是否偏好少數有能力保障成本高昂到其他國家承擔不起之言論自由的民主國家？這一點觸及第四章提及的埃里克・波斯納與黛娜・施爾頓之間的辯論。

波斯納代表許多懷疑論者，認為國際權利體制是「西方價值觀」與「對非西方社會干預」的拙劣結合，甚少獲得成功。施爾頓則代表國際主義者，回應表示，這些政權從體質上就無法做到大家期待的高度發展國家會有的精準度，而且它們獲得的成功比波斯納所認知的更多。另一位資深的國際主義者赫斯特・漢諾姆（Hurst Hannum）也站在施爾頓這一邊，對波斯納提出了類似的挑戰。㉚一場看似傳統的「反對人權」與「支持人權」論戰於焉爆發。

然而，只要仔細檢視，就能看出這些辯論中根本就沒有任何人在談人權。波斯納與同派人士從未真正侵犯人權，施爾頓、漢諾姆等國際主義者，也從未捍衛過人權。在波斯納的觀點中，可以明顯看到人權與人類福祉的可互換性，因為他並不預設國際人權具有任何獨特的意義或重要性。對他而言，對於酷刑與恣意拘禁，當然要竭盡所能地消除；但如果無視這些弊端，就能將投資轉向建設道路與發電廠，以大幅促進經濟投資及發展，而且他顯然認為許多專制政權有這種需求，那就這麼辦吧。

比起全面性國際主義式的宏觀管理（macromanagement），波斯納比較偏好因地制宜的微觀管理（micromanagement）。我必須聲明，此處所用的「微觀管理」與一般的用法不同，純粹是為了與國際主義者的「宏觀管理」劃清界線。我所說的「微觀管理」，並不是指波斯納提倡由外來專家控制治理的日常細節，而是相反——他追求的是較不全球化、目標較明確的參與。

讓我驚訝的，並不是波斯納欽佩技術官僚微觀管理主義，卻不欽佩公民導向的人權，而是他的著作直截了當地將「權利」貶低成人類福祉的決定性特徵，這一點就連他最嚴厲的批評者都沒留意到，因為他們都持有相同的管理觀點，只是在偏好的形式上有所差異。

波斯納的微觀管理主義，並不是站在反對人權的立場，來抗衡國際主義者支持人權的立場。所有專家只是用「人權」這個詞，來駁斥不同的管理模式。他們都假設，如果當前的體制自稱為「人權體制」，那麼它們就是人權體制，應該以人權體制的標準來看待。

波斯納寫道：「當人權倡導者想幫助一個國家時，他們的目標是讓這個國家遵守規則，也就是減少拘禁、減少酷刑、增加言論自由，但這些事項並不一定能促進目標國家公民的福祉。西方捐助者幫助一個國家建設可靠的道路系統，可能比強迫它廢除酷刑更有意義。」[31]

然而，人們要遭受酷刑才能促進「福祉」，這是一個奇怪的說法，儘管波斯納的意思大概是「反正壓力是沒有作用的」。我已在第四章提過黛娜．施爾頓聚焦於大眾意識的回答，在此就不再進一步探討。

但要了解懷疑論者的微觀管理與國際主義者的宏觀管理，在立場上到底有多接近，就讓我們仔細依序檢驗波斯納所說的：「減少拘禁、減少酷刑、增加言論自由。」首先，關於「減少拘禁」，波斯納指的顯然是恣意拘禁，而不是經過公平審判後的拘禁。更重要的是，任何人都可能遭到恣意拘禁，也許是由於警察的誤判。然而，在實踐中，粗暴且系統性的恣意拘禁，通常是政治性的，旨在讓政敵及異議人士噤聲，也就是限制言論自由。其次，關於酷刑，任何人都可能遭受酷刑，但系統性的酷刑大多是為了防止政治上的反對勢力，也就是限制言論自由。

所以，波斯納認為，我們不該過分堅持「減少拘禁、減少酷刑、增加言論自由」的觀點，翻譯成白話就是「不該過分堅持言論自由、不該過分堅持言論自由、不該過分堅持言論自由」。如此看來，不令人意外的是，「壓制言論自由」被波斯納視為最不需要擔憂的因素，但言論自由卻是能將人類福祉變成人權目標的因素。這應該是波斯納最容易招致批評者抨擊的最重要且最明顯的疏漏。正如我們所看到的，國際主義者也跟波斯納一樣，非正式地承認了，在實踐中某些權利必須優先於其他權利。所以，他們都承認言論自由是「重要的」，但並不比其他權利更重要。

最後，我們該選擇波斯納的微觀管理主義，還是施爾頓與漢諾姆的宏觀管理主義，就成了一個技術性的問題。施爾頓或漢諾姆可能會回答，他們支持公民賦權，但前提是可能實現以下這種賦權的體制是否可能存在：公民能公開追求自身的權利，並批評政府所提供的權利。

左派批評者也聲稱要批評國際人權，但只是預設了人類福祉的管理模式。例如，政治理論家溫蒂．布朗（Wendy Brown）在二〇〇四年的一篇文章中提及當代左派對國際權利體制的批評。布朗對於濫用人權價值觀與術語的行為，提出了常見但公平的警告。例如，她提及權利詞彙如何被用於將美國在阿富汗、伊拉克及關達那摩灣（Guantanamo Bay）的侵權行為正當化。她還將這些侵權行為，連結了對於利用權利話術推銷全球資本主義的普遍擔憂。

如同許多評論家，布朗並不排斥人權本身。她聲稱，儘管自己「左傾」，[32]對人權仍持開放的態度。然而，我們再次發現一位作者看似對國際主義者提出異議，但到頭來只是與他們爭論哪一種管理模式才是首選。布朗似乎對於「公民與政治權利，必須輔以社會或經濟權利」就感到滿意，但將「堅持糧食、居所及醫療權利至上」的體制視為她的政治理想。[33]如同她所批判的全球主義者，布朗也將言論自由與其他權利一併拋開，或者更確切地說，將它們歸入公民與政治權利的行列，因此根本沒有採納或批評任何獨特的人權概念。

許多左派，如同許多國際主義者，確實有理由堅稱，若沒有食物、居所、飲水、醫療及其他社會與經濟福祉做基石，就不可能有草根性的賦權。我們當然必須考慮到這個觀點，因為這是許多人懷疑我將言論自由置於優先地位的原因。然而，我與布朗的分歧，並不是我以言論自由為優先，她則以社會與經濟福祉為優先。這個歧異之處，就跟我和其他人的分歧是一樣的。

布朗所討論的，根本不是在意義上與管理人類福祉的古老概念不同的「人權」。布朗似乎預設了一個眾所周知的順序：先將社會與經濟福祉置於首位，接下來人們才能成為平等、積極的公民。當然，承諾這種順序的政權由來已久。在蘇聯、中國、古巴與其他社會主義國家歷史上的某些時期，我們肯定會發現某些群體的生活水準有所提升。

然而，這些政權的目標並不是創造全民賦權，而是完全壓制它。布朗完全沒有暗示，她的模型能如何避免這種結果。即使在富裕且表現最好的人權國家，也經常有資源再分配依然不足的呼聲。㉞對此，布朗並沒有提出任何為貧窮國家設計的時間表，或是否真能策畫出這些時間表之類的線索。

可以肯定的是，如同其他學者，布朗肯定會堅稱言論自由在某種程度上很重要，尤其是因為它讓這些人受益良多。然而，她偏好的模型，最終成了幾代女性或少數族群所面對的困境：「言論自由當然重要，但目前時機不對。」有人可能會認為，布朗的立場與我的立場相同，並表示：布朗追求的是正義的必要條件，而不是充分條件。換句話說，滿足大眾的基本需求，或許不一定能促進公民賦權，但如果不滿足這些需求，就沒有人能獲得權利。許多人會同意這個表述，但我只是點出，司法體系不需要人權概念，就能輕而易舉地將大眾的物質需求列為第一優先。

在語法上，布朗的立場可能被表述成：「首先，人的物質需求要得到滿足。」接下來是更積極但僅在語法上的建構：「我們必須先滿足大眾的物質需求」或「政府必須先滿足大眾的物質需求」。無論採用哪種措辭，用來形容在個人賦權之前可能長達數年甚至數十年之時期的語彙，都是管理主義的典型語言。相較之下，有一段句子與任何一句都不等同，那就是：「人們必須擁有為自己爭取權利的手段。」根據定義，當物質需求變成人權的目標時，這句話就讓言論自由優先於物質需求。因此，我並不是說布朗的方法一定是錯誤的，只說它是傳統管理性的，即使完全不提及權利，其含義也不會有任何改變。上述各種立場之間的唯一區別，是波斯納將羊群引向右邊，施爾頓將牠們引向中間，布朗則將牠們引向左邊。

在本章，我闡述了自己的主要論點。本書的目的是要探討，人權與歷史上許多以各種方式承諾的各種有形或無形的人類福祉信仰體系相比，是否具有任何獨特的意義。具有法律約束力的人權，唯有在公共對話上預設一個寬廣且受保護的言論自由領域時，才會有這個獨特的意義。我把它稱為人權的「論述原則」，並與「義務原則」一同定義了具有法律約束力的人權主要成分。而唯有憲政民主國家才能確保這些保護，即使其中有些國家在實踐中沒能做到這一點。

✦ ✦ ✦

重點不在於言論自由比保障生存或富裕的糧食或住居等必需品更重要，而是言論自由是將任何人類福祉當作人權目標的必要條件。那種無法承諾安全且穩固的公共對話領域的國家，即便在提供《世界人權宣言》所闡明的一些人類福祉上做得再好，仍然不是「有瑕疵的」人權國家，也不是「差勁」的人權執行者，而是它們從基本結構上就不是人權體制。根據人權標準來評估這些國家的表現，在一開始就犯了分類上的錯誤。一旦忽略了論述原則，支持或質疑人權的專家都會將「公民導向的人權體制」等同於「人類福祉的管理體制」。隨此，國際人權的概念也就失去任何獨特的意義，變得與人類福祉沒有分別。

Chapter 6

所有意見都算數？

DO ALL OPINIONS COUNT?

如果公民要有足夠的機會追求自己的人權，公共領域內的言論自由範圍就必須夠寬廣，但到底該有多寬廣？現今，每個主要社會問題都在某方面牽涉到人權。因此，人權是否該以言論自由的絕對主義（free speech absolutism）為前提？在本章，我將探索一些人權體制不可或缺的言論自由保護，並引用關於二十世紀中葉通過的《美國憲法第一修正案》（First Amendment to the United States Constitution，簡稱「美國第一修正案」，註：其內容是關於禁止立法剝奪言論自由等）的爭議，以及一樁歐洲法院的案例，因為這些案例生動地說明了一些言論自由的核心原則。熟知第一修正案的讀者已經知道美國的案例，但我選擇的幾個例子，純粹是為了勾勒出公民的公共領域的基本概念，而不是為了詳述任何言論自由法。

我們也必須牢記，與流行看法相反的是，雖然第一修正案「字面上」看似強大，但美國在實踐上絕不是最保障言論的國家，例如，它有著鎮壓種族問題相關的和平政治示威的歷史。例如，在獨立監督組織「無國界記者」（Reporters Without Borders）所發布的二〇二〇年世界新聞自由指數中，美國在一百八十個國家中排名四十五，在之前的年份裡，也沒能在民主指數與其他研究的調查結果中名列前茅。① 雖然我引用第一修正案中的原則，但絕不會將美國視為全球言論自由具體治理的領導者。

言論的內容與觀點

一開始，我們必須先釐清「言論」是什麼意思。截至目前，我交替使用了「言論自由」與「表達自由」這兩個詞彙，接下來也將繼續這麼做。「言論自由」是較常見的詞彙，但「表達自由」較為精準，因為它不僅包括語言言論，也包括非語言訊息，例如靜坐或展示旗幟、符號等。

從詞彙來看，很快就能看穿「言論自由的絕對主義」的幻想。如果言論是絕對自由的，即使是高度危險的言論，包括欺詐廣告，也不會受到處罰。將毒藥標記為保健食品，也會受到法律的保護，這是因為，即使基於公衛立場來限制不實言論，依然會構成言論限制，那麼言論自由就不會是絕對的。國家沒有權力阻止我們在彼此的房子上塗鴉，這是因為，即使是為了保護財產而設的限制，也依然構成了限制。由於表達自由也包括非語言訊息，任何違法行為也可能以為了傳達某些象徵性訊息的名義被正當化，例如宣稱闖紅燈是為了表達自己的自由精神；第二天又宣稱引發一場森林大火是為了表達自己的厭世等等。任何絕對的言論或行動自由，都會危及法律制度的存續。②

有些人可能會說，他們指的並不是字面上的「絕對」，而是「最大限度」的自由。但這個「限度」依據的是什麼標準？關於什麼是「最大限度」自由的爭論由來已久。根據法國一七八九年的《人權和公民權宣言》，「自由就是能在不傷害他人的情況下做任何事。」③後來，約翰．斯圖爾特．彌爾對這個想法做了一場著名的探索，他在著作《論自由》中宣布了著名的傷害原則（harm principle）：「只有基於防止一個人危害別人的目的，才能不顧他自己的意願，正當地對文明社會中任何一個人行使權力。」④

彌爾的傷害原則一開始看似有道理，因為「參考不那麼抽象的概念」看似是定義抽象概念的一個好方法。彌爾試圖透過看似較具體的「傷害」概念，來定義較抽象且有爭議性的「自由」。例如，「我感覺不自由」這句話聽起來模糊且帶推測性，但「當你把我推進壁爐裡時，我燒傷了手指」這句話在原則上似乎是可驗證的。因此，雖然「自由」的價值有爭議性，但「傷害」似乎是可檢驗的事實。我的手指不是有被燒傷就是沒被燒傷。你不是有推我，就是沒推我。

但是，彌爾的傷害原則是否適用於明顯的情境？在十九世紀，經驗事實在社會科學中具有比現今更大的確定性。但是，進一步觀察就會發現，假設「自由」取決於價值，而「傷害」取決於事實，或是假設其中一個詞彙比另一個詞彙抽象或具體，都是不準確的，因為這兩個詞彙都充滿了有爭議的道德價值觀。⑤

有些傷害，例如燒傷我的手指，可能相對具體，但很多傷害並沒有這麼具體。種族歧視、性別歧視、恐同性戀、恐跨性別、殘疾歧視、恐怖主義或色情的言論，或是與大眾關注的議題相關的假新聞，是否會造成傷害？如果會，將是哪一類的傷害？到什麼程度的傷害？這在言論自由的舞台上，是一個備受爭論的議題。

這些類型各異的言論，並沒有精確的名稱。其中一些通常被歸類為「仇恨言論」，但我會使用涵蓋範圍較廣的「極端言論」。⑥雖然《論自由》至今仍被視為權威性著作，但它對當代的爭議幾無著墨。彌爾的大部分論述僅談及他所處的時代，當時國家與教會坐擁言論審查的強大權力，例如，勞工爭取權利的集會或出版品，會被斥為對神的褻瀆。彌爾從來沒有詳細探討如今困擾我們的極端言論危機，而且，若是試圖將彌爾的思想套用在當代的爭議上，會導致相互矛盾的詮釋。有些人認為，彌爾的傷害原則迫使我們接受極端言論；其他人則主張，彌爾賦予的條件，證明了傷害原則與禁止此類言論在方向上是一致的，⑦尤其在這個社群媒體助長此類言論肆虐的時代。簡而言之，彌爾幫助解決了簡單的情況，而不是困難的情況。關於傷害的概念，無法為如何因應極端言論提供明確的準則。⑧

若是遵循美國第一修正案的原則，另一種方法是區分言論的內容與觀點。內容指的是主題；觀點指的則是對該主題的特定立場。例如，禁止不實廣告是基於內容的禁令。它們適用於所有人，不論每個人的道德、宗教、政治、文化或其他觀點是如何。我們當然可以想像有人出於政治性的理由，將毒藥標記為保健食品，也許是為了攻擊某些經濟、種族、政治或宗教群體的成員；但是，基於內容限制的用意在於，不論是為了賺錢、惡作劇，還是出於特定的道德、宗教、政治等觀點，這種行為在任何情況下都是不可接受的。其他基於內容的限制還包括，禁止在法庭上作偽證、禁止違反醫師或律師與客戶之間的保密協議，以及禁止污損公共財產或他人的私有財產等。

相比之下，假設有個政府禁止LGBTQ+爭取權利的公開示威。即使此禁令並未禁止所有與LGBTQ+群體相關的示威，僅禁止支持這類權利的示威，[9]它依然是一項禁止表達特定道德、政治、宗教或文化世界觀的禁令。這個政府可能會積極鼓勵人們去譴責LGBTQ+群體的示威活動，或者僅稱那些頌鼓吹「傳統」或「家庭」價值的示威活動。[10]

在本章接下來的部分，我將論證的是，**人權的前提並不是保障言論自由的絕對主義，而是保障公共領域內的、近似於我稱為「觀點絕對主義」（viewpoint absolutism）的事項。**[11]換言之，唯有在公開保障言論自由及寫作自由，不會僅因發言者的道德、政治、宗教等觀點而加以審查或懲罰的法律體系下，人類福祉才能成為人權的目標。

涉及人權的問題範圍很廣泛，但這是否意味著就連一個人表達觀點的自由也必須是絕對性的？例如，假設有一個國家有「禁止嘲笑國王」的禁令。這種禁令是否會危及個人追求人權所需的各種言論？[12]然而，觀點絕對主義的本質，就是複雜的問題永遠無法整齊地劃定。例如，有些公民可能認為，維持王室的公共資金應該被用在改善人權表現上。當然，有人可能會說，「批評王室」與「批評王室成員」是兩回事，但在現實世界的脈絡下，兩者的區別將會瓦解。對王室不滿的人，通常會將其與王室成員聯想在一起，尤其某個王室被視為腐敗或奢侈時，更會如此。

就語言本身的性質而言，概念範疇不能被緊緊密封，至少在人間事務的領域內是如此。以「藍色比黃色美」這句話為例，我們同意一個人應該有說這句話的自由。但這種自由是不是追求人權的必要條件？而在某些國家，藍色與黃色在大眾心目中可能會產生特定的政治或文化觀點的聯想，有人可能支持某個倡導人權的政黨，並因為他們的藍色黨旗而對藍色產生偏好。我們很難為了建立人權而在「應該」或「不應該」受到保護的觀點之間劃定分界，因為日常語言中的詞彙及句子的含義是不固定的。藍色與黃色的相關聯想，也有可能在語言中建立的時間不長，或許是為了因應突然發表的政府迫害報告才出現。

我們也不能嚴格限制一項人權爭議可能包含的要素。例如，如果我們不將吉爾吉斯社會的性禁忌問題公諸於世，就無法全面調查埃爾納扎羅夫在獄中遭虐致死的原因。我們無法為了建立人權而將「應該」或「不應該」受到保護的觀點清楚地切分開來，因為我們無法預見在任何特定的人權情況下，可能出現哪些跨社會領域的連結。

或是以「我喜歡茶勝於咖啡」為例。這句話肯定表達了一種觀點，就連最嚴厲的獨裁政權也找不到理由禁止這種聲明，但我是否應該有說這句話的自由，才能追求自己的人權？試著想像有一個奇怪的政權，在所有可能的議題上都尊重觀點絕對主義，唯獨禁止人們說出自己喜歡茶勝過咖啡。這個小小的限制顯然不會導致該政權變得不再是人權體制。然而，有些人之所以如此宣稱，可能是出於他們認為茶比較容易以對工作者及環境有利益的方式生產，而這個立場肯定會引發人權方面的思考。觀點絕對主義的關鍵在於，它並不會探究我們言論的主觀動機。

譴責人權本身的自由，例如譴責它是一種不能真正帶來正義的腐敗西方概念，又是如何？根據定義，看似一個人並不需要這種自由來追求自己的人權。然而我們在《世界人權宣言》中讀到，人權也包括良心自由（freedom of conscience，第十八條）。如同我們所看到的，一些卓越的思想家徹底否定人權的概念，或者否定以人權為前提的個人主義臆說。就人權的概念來說，唯有它成為司法體系的一部分才具有意義；而正義的概念，唯有在它能夠服膺於更大的正義方案時才具有意義，無論這些方案可能有多少爭議。即使我們可以有力地論證這些替代方案無法帶來更大的正義，也不能忽視歷史上曾認為言論自由或民主政治的提案違背了對正義的要求。就我在本章接續部分所設的限制下，**人權必須保護任何主張他們所相信的制度優於人權的人，無論這些人是對還是錯。**

內容和觀點之間也可能變得難以劃清界線，因為事實與意見有時不易區分。例如，如果我公開點名某位警官侵犯了我的人權，我的陳述準確性可能取決於一系列錯綜複雜的事實。我的指控可能會造成嚴重後果，例如導致這位警官遭解職或入獄。如果最後證明我說謊，這位警官便有權以誹謗罪以及因我的誣告而蒙受的損失，對我提起訴訟。在這種情況下，我的言論將因內容而非觀點受到懲處：任何發言者只要無法證明自己對他人所提出的不利控訴為屬實，無論他的政治、社會或其他觀點如何，可能就得背負誹謗的刑責。

然而，如何判定什麼是「不利」，也是個棘手的問題，因為有些國家會捏造假的誹謗指控，來懲罰未違法的異議人士。[13]美國法律中，一個有效的判斷標準，是該對象享有多少公共平台及隨此而來的機會，能夠對不實指控做出回應或加以掩蓋。例如，由於公眾人物擁有足以影響自身相關資訊之傳播的資源，因此可以合理拒絕對重要官員或當選高階職位者，提供針對一般公民的誹謗或中傷的完整保護。⑭

挑釁性言論

「公共領域」（public sphere）與「公共對話」（public discourse）是兩個常被使用⑮、但難以定義的詞。第一步可以先以它們不意味著什麼來描述。例如，並非在公共場所說的一切，都算是公共對話。舉一則陳年的美國個案為例，一九四〇年四月，耶和華見證人教徒沃爾特．查普林斯基（Walter Chaplinsky）站在新罕布夏州羅徹斯特市的中央廣場派發傳教書刊。有鑑於耶和華見證人拒絕向國旗敬禮等信仰所引起的爭議，此舉激怒了一些當地居民。新罕布夏州最高法院後來報告，有些行人曾向法警投訴此事，法警回答，查普林斯基的活動並未違法。但隨後他又警告查普林斯基：「人群的情緒愈來愈激昂，你最好發慢一點。」法院進一步表示：「數小時後，情緒失控的人群開始向查普林斯基施加暴力。接著，警員就帶著他走向警局，顯然主要是為了保護他，而不是逮捕他。」⑯

根據現有紀錄，這個說法的依據似乎很模糊。州法院模稜兩可的措辭，引發了一個問題：查普林斯基是不是害怕自己從事合法活動卻仍遭到逮捕。無論如何，被這些事件激怒的他向法警高喊：「你是個該死的騙子……該死的法西斯主義者，整個羅徹斯特政府都是法西斯分子或法西斯分子的代理人。」[17]接著，他就被依以下的州法遭到逮捕：

任何人不得對合法居於任何街道或其他公共場所的人，說出任何攻擊性、嘲笑性或引發困擾的話語，也不得用任何攻擊性或嘲笑性的字眼稱呼他人，不得在他人面前和他人聽得到的範圍，發出任何噪音或感嘆，意圖嘲笑、冒犯或煩擾他人，或阻止他人從事合法的業務或職業。[18]

回顧本案，我們可能想知道，在場的其他人是否也該為對查普林斯基施暴而被捕。我們可能也想知道，如今我們是否會期望高階公務員的臉皮厚一點，並接受他們的職位會讓自己有時得和憤怒的公民面對面。尤其在非民主國家與有瑕疵的民主國家，我們會希望查普林斯基因為說了這番如今聽起來比較像生氣而不是危險的話而受到懲罰。儘管如此，本案中重要的不是這些細節，而是新罕布夏州最高法院所提出的較普遍的原則。在承認美國第一修正案對言論自由保護的同時，法院維持以州法對查普林斯基定罪的原判，並表示：「英語中有許多單字及表達方式，在沒有展露令人卸下心防的微笑情況下，普遍被認為是『挑釁性言論』。」而且，「一般人都知道這種言論可能會引起肢體衝突，因此屬於威脅性、褻瀆性或淫穢性的辱罵。」⑲可以說，即使大家會期待公職人員在執法時強硬一點，我們主要關心的還是一般人發生的此類侮辱事件。

在上訴時，美國最高法院引用該法條，維持新罕布夏州最高法院的原判。⑳它就此被編入第一修正案的法理學規範，也就是所謂的「挑釁性言論原則」。也許「可能會引起肢體衝突」中的「可能」被誇大了，因為在許多情況下，普通的憤怒及挑釁並不會導致人身暴力。然而，對美國最高法院而言，這種言論不一定要等到人身暴力真的發生，才能受到法律制裁。人擠人的都會酒吧或俱樂部裡的每一位保鏢都知道，許多暴力事件都可能在當事人還沒來得及冷靜下來時突然爆發，警方根本無法及時趕到並化解局勢。

挑釁性言論原則表明，公共對話並不包括任何可能在公共場所發表的言論。這句話的意思主要不在於「公共」這個詞，而在於帶有促進討論意涵的「對話」這個詞，即使對於感覺對方的言論帶冒犯或挑釁而拒絕對話的人也是如此。挑釁性言論在公共領域內的言論自由規則中是個例外：在街頭或酒吧突發的激烈衝突中，你假設發言者的用意是促使對方進行思想交流，這是很牽強的，也可能很危險。

現在，我不打算推測人們希望法院如何裁決查普林斯基這種案件。儘管如此，還是有強而有力的理由證明了，對挑釁性言論的限制可以套用在大量極端言論的對應上。如同我將在本章接下來的內容裡論證的，最棘手的法律問題，出現在以一般字眼向普通民眾傳達的極端言論。但是，要大家同意「直接針對個人的種族歧視、性別歧視、恐同性戀歧視或其他類型的攻擊，無須受到法律保護」似乎並不困難。肯定有一些純粹主義者會堅信，即使這類謾罵也該受到法律保護，但我的目的並不是思考在每一個個案中應受保護的言論該有什麼上限，只是在籠統地探討「言論必須有多少自由，才能保障公民追求自己的人權」。

任何相信「針對他人的種族歧視、性別歧視、恐同性戀歧視或其他類型的攻擊也該受到保護」，並將此視為追求《世界人權宣言》權利之必要條件的看法，都過於荒誕，在此沒有進一步探討的必要。

公共論壇

我所說的公共領域的觀點絕對主義，大致源自美國第一修正案，儘管這個詞本身是我自己消化過而提出的，最高法院從未使用過。已經有人質疑今天的第一修正案是否能被稱為「觀點絕對主義」，[21]我們當然會錯誤地認為，該學說是美國歷史上一個不變的常數。例如，在美國憲法通過時，反褻瀆法被廣泛認為是可被接受的。[22]但直到二十世紀初，少數最高法院法官才開始在公共領域中，勾勒出類似觀點絕對主義的原則，[23]然後到一九六〇年代才為法院的多數所接受。[24]

一九四九年曾有一個觀點絕對主義者，要求個人在公共福祉問題上發表挑釁性言論的自由之案例。大學生歐文．費納（Irving Feiner）站在一個箱子上，透過安裝在汽車上的揚聲器，向一大群聚集在紐約州雪城（Syracuse）非裔美國人社區街角的聽眾發表演說，呼籲那些包含白人和非裔美國人的聽眾，參加將在當晚舉行的美國進步青年（Young Progressives of America）集會。他利用的是不必然由國家正式指定的場所，[25]也就是典型的公共論壇。

原本計畫在學校禮堂舉行集會的許可證遭到撤銷，因此地點改到一家旅館，費納在宣布新地點的同時，也譴責了最初的禁令。他辱罵該市市長是「一個喝香檳的廢物，不為黑人爭取權利」、當地政治人物個個「腐敗」、杜魯門總統是個「廢物」、右派的美國退伍軍人協會是「納粹蓋世太保」。他還提出可能讓某些人認為有煽動暴力之嫌的主張：「黑人沒有平等的權利；他們該發動武裝起義，為自己爭取權利。」

有兩名警察趕到現場，起初保持觀望，沒有打斷費納的演說。但圍觀群眾愈來愈不安。有些人認為，費納在這場黑人和白人混雜的集會上演說，目的是「煽動黑人對抗白人」。一名男子抱怨警方態度姑息，告訴警員，如果他們不把那個「混蛋」從肥皂箱上拉下來，那麼就由他來動手。一名警員叫費納下來，他拒絕了，後來費納以行為不檢的罪名遭到逮捕。

費納除了創造一個典型的公共論壇，也進行了一場典型的公共對話。他當然激怒了一些圍觀者，但沒有說出任何挑釁性言論；他沒有侮辱人群中的某些人，只是對一般聽眾進行了一場普通演說。

在「費納訴紐約案」中，[26]美國最高法院維持了州法院的原判。法官們認為，警方試圖控制失控的群眾是正確的，但如今，本案卻因為休戈・布萊克（Hugo Black）與威廉・道格拉斯（William O. Douglas）兩位大法官的反對意見而名垂青史；他們為法院路線所做出的改變，持續被採用了十年。大法官布萊克為費納「合法在街角發表演說時，因為針對公共議題提出不受歡迎的觀點，而被判刑入獄」提出抗議，[27]並認為視這個小動作為「引發暴動或失控亂局的緊迫威脅」流於「牽強」。[28]

布萊克勾勒出了與限制言論的理由形成鮮明對比的情況。如今在世界各地，政府以「公共秩序」、「國家安全」、「公共安全」等理由限制言論的情況，仍然普遍存在，但這些理由往往很少或根本沒有證據，目的只是為了壓制異議，而壓制異議在形式上是觀點本質性（viewpoint-natural），實際上卻是觀點選擇性（viewpoint-selective）的。請注意，白俄羅斯根據表面的中立觀點，以禁止「流氓行為」和「組織嚴重違反公共秩序的群眾活動」的刑法，起訴科祖林。[29]

布萊克繼續說：「有些人在公共街頭集會上，對演講者喃喃自語、四處走動、推撞或不同意，甚至是暴力地反對，這種情況既不罕見也不意外。事實上，在討論有爭議的話題時，很少有戶外人群不做這些事情中的一部分或全部。攻擊演講者的單獨威脅，也不一定會出現混亂情勢。」[30]

布萊克不認為警方光憑「圍觀者被激怒而造成混亂」的風險，就有權讓演講者保持沉默：

即使「事實」中的情況的確危急，我也不認同……警方沒有義務去保護請願者由憲法賦予的發言權利。警方當然有權防止暴動發生，但如果他們能以維護秩序的名義干涉合法的演講者，首先必須先盡一切合理的努力來保護他。在本案中，警方甚至連佯裝試圖保護（費納）的跡象都沒有。根據警員的證詞，群眾開始失控，但他們沒有表現出任何阻止暴動的意圖……有人威脅要攻擊（費納），警員可能僅需說一句話就化解，卻沒有採取任何行動加以勸阻。他們的職責是保護請願者的發言權，甚至逮捕意圖妨礙演說的威脅者。相反的，他們卻推卸此一職責，僅採取了壓制發言權的行動。[31]

對於費納對總統、市長和地方政治人物的辱罵，大法官道格拉斯堅持認為，粗暴、混亂的公開演講中，勢必會摻雜極端言論：「演講者登上講台時，時常會針對觀點及人物做出誇張醜化的誹謗或不實指控。但這些放肆的言詞……並不構成將演講者請下講台或加以懲處的理由。」[32]這樣的懲罰形同將警方置於被冒犯之聽眾的立場，讓警方成為「新的言論審查者」。[33]政府的工作當然是保護人們的安全，但這種誡命往往淪為官方緊握權力、安撫選民的手段。真正的安全威脅的確有可能出現，但根據人權法，這些威脅不能隨意被列舉。國際人權納入了「克減」（derogation）原則，也就是在依法宣布的全國緊急狀態期間，某些（並非全部）權利可能會被限制或中止。即使如此，這類中止也僅在緊急情況下，且僅在緊急情況持續期間有效，並且通常必須由獨立的司法機構或獨立於政府之外的某個機構進行審查。[34]政府在形式上承認這些規範，但在實踐中卻經常違反。

十九歲的保羅・科恩（Paul Cohen）因為在有兒童在場的洛杉磯法院大樓，身穿一件印有「去他媽的徵兵」（Fuck the Draft）字樣的夾克，被控「以冒犯性的舉動惡意且蓄意擾亂和平」判處三十天拘役。科恩上訴至美國最高法院，稱他的夾克是「一個讓公眾深入了解他對越戰及徵兵感受的手段」。在「科恩訴加州案」（Cohen v. California）中，最高法院同意他的觀點，[35]這是朝布萊克與道格拉斯之方向發展的重要轉折。

在整個一九六〇年代，許多美國人反對並抗議美國對越南的干預。幾乎沒有人不認同科恩譴責政府政策的權利。科恩不僅想表達一種立場，也想表達這種立場背後的激情。大法官約翰·哈倫（John Harlan）寫道，該州不得以將此類語言解釋成挑釁性言論，並對科恩進行懲處：「當時實際在場，或可能在場的任何人，都不能合理地將上訴人夾克上的文字，視為直接性的人身侮辱。」[36]

然而，大法官哈利·布萊克蒙（Harry Blackmun）不同意法院的觀點，他維持對科恩的原判，認為這件夾克是「主要是行為、稱不上言論」的「荒謬且幼稚的噱頭」。[37]像這樣的觀點至今依然普遍存在：「你有權發表意見，但應該以值得尊重的方式進行。」至於什麼是「值得尊重」，通常得看政府如何定義。

或者看看這個如今成千上百萬人會欣然同意的版本：「唯有與在法律框架內，以文明方式形成、論證和提出自己要求的政治力量，才能進行文明的對話。」這句話是普丁在二〇一二年說的，目的是打著保護俄羅斯國家安全與利益的幌子，削弱政敵的力量。[38]這裡引用這段話的用意，並不是將布萊克蒙類比成普丁，只是想凸顯那些自稱以謙恭有禮的高尚規範制定的標準，有多麼容易退化成迫使反抗者閉嘴的手段。

針對哈利．布萊克蒙的看法，約翰．哈倫的回應堅稱，一旦政府開始以品味與禮儀來規範言論，就不會有明確的停止點。無論是多麼粗魯的表達方式，如果只因為不滿於所表達的情感，而對表達方式做規範，無異於對觀點做選擇性的審查：「國家無權將公共辯論淨化到連最潔癖的人也能接受的程度。」㊴哈倫堅持認為，「許多語言表達都具有雙重溝通功能：它不僅傳達那些能被相對精確、公正地解釋的想法，也傳達那些無法被表達的情緒。事實上，用詞遣字往往是配合情緒與認知力的選擇……我們不能縱容『禁用某些詞彙並不會產生壓制思想的巨大風險』的輕率假設。」㊵

科恩訴加州案不僅預示了法律的變革，也預示了重大的文化轉變。構成人權基礎的民主文化，只存在於能接受對其過去與現在批判的文化中。在如今的美國，部分地區的學區提倡了淡化奴隸制與吉姆．克勞法的課綱，偏好美化歷史而不是批判歷史。㊶然而，終將成為公民的學生，是從實例中學習的。唯有透過對過往侵權行為的批判，他們才能學會對現在的侵權行為保持警惕。在許多國家，政府仍然反對誠實教授歷史，以幼稚的愛國主義壓制批判性思維。㊷這個案件帶我們經歷了一個完整的循環，回到我在第二章和第三章回顧的追求人權所不可或缺的個人主義。在如今的許多地方，費納與科恩這種被判刑的演講者，仍會受到大眾的支持。

儘管美國最高法院和歐洲人權法院（European Court of Human Rights）對言論自由的處理方式不一定相同，但它們對公共領域的觀點絕對主義有個重要的共識：國家的首要職責是保護言論，唯有在危機迫在眉睫且別無他法可以避免時，才會對它加以限制。一九八〇年，一群奧地利醫師在一個小鎮組織了一場反墮胎示威。這些醫師是「終身醫師組織」（Doctors for Life）的成員，要求對該國的墮胎權施加更多限制。與會者從一開始就對反示威者的敵意感到憂心，為此向警方表達了他們的擔憂，以期得到適度的保護。

醫師從鎮上的大教堂遊行到一段距離外的山坡上，計畫在該處一座祭壇上舉行宗教儀式。警方批准了這條遊行路線，承諾提供保護，同時也警告他們，不可能阻止反示威者投擲雞蛋，或是擾亂遊行或儀式。在示威者朝山坡遊行途中，大批反示威者擠進遊行隊伍裡大吼大叫，試圖蓋過示威者朗誦的《玫瑰經》。他們在山坡上進行儀式時，反示威者也使用了同樣的策略，大約有五百人使用揚聲器辱罵，並朝醫師投擲雞蛋與草。

鎮暴部隊整天都在場，但僅保持觀望而沒有干預。在山坡上的儀式即將結束時，雙方的互動儼然即將引發暴力衝突。直到遊行隊伍走回教堂時，鎮暴部隊才在雙方之間築起人牆。事後，終身醫師組織控告警方未能提供適度的保護，但地方當局駁回上訴，表示警方事前已警告，將無法提供杜絕口頭辱罵及投擲相對無害物體（儘管有人因投擲可能造成人身傷害的雞蛋而被罰款約七十五美元）的全面保護。警方堅稱，他們已努力避免衝突升級。

一九八二年，第二次示威在薩爾斯堡（Salzburg）的大教堂廣場舉行。現場聚集了大約三百五十名反示威者，一百名警察在示威者周圍築起人牆，以保護他們不受直接攻擊，但一個支持終身醫師組織的極右派政黨的出現，讓緊張局勢升溫。警察將廣場清空，以利宗教儀式舉行。在接下來的訴訟中，終身醫師組織堅稱，在兩次示威中得到的警方保護不足。他們在歐洲法院聲稱，缺乏警方的保護，讓他們的言論與結社自由遭到侵犯。

歐洲法院認定奧地利政府已經提供了充分的保護，但認定《歐洲公約》簽約國的職責，並不僅限於允許人民在不受審查的情況下發言，各國有義務「採取合理且適當的措施，保障合法的示威活動得以和平進行」。[43]法院提醒我們，如同費納訴紐約案中的布萊克與道格拉斯大法官所說的，言論自由並不僅是「消極」或「放手」的權利。若要為異議提供安全可靠的論壇，國家就必須有保護性的作為。由於每一場政治示威活動的情況都不同，因此這類保護性作為沒有精確的準則，但政府必須做到「保障參與者……能在不必擔心遭到對方的人身

暴力情況下進行示威」的程度。㊹

極端言論

儘管美國與歐洲法院有這些相似點，但另一樁美國案件所展現的大西洋兩岸的差異，也引發了爭論。一九六四年，三K黨領袖克拉倫斯．布蘭登堡（Clarence Brandenburg）致電給辛辛那提電視台，邀請一名記者參加在俄亥俄州一座農場舉行的集會。

在主辦方的配合下，這位記者偕同一位攝影師拍下了活動過程，後來有部分影片在地方及國家電視台播出。其中有一段拍下了十二個戴著兜帽的人，其中有些人持槍，群聚在一座燃燒的巨大十字架周圍。影片中出現了對黑人及猶太人的謾罵，例如：「我個人認為，黑人應該被送回非洲，猶太人應該被送回以色列。」

布蘭登堡被判違反州法的工團主義犯罪（criminal syndicalism）法，該法禁止宣揚「將犯罪、破壞、暴力或非法恐怖行動，視為實現工業或政治改革必要且正當的義務」。他同時也被判處組織「為了教授或倡導工團主義犯罪而成立的社團、團體或集會」。布蘭登堡被判處一年以上、十年以下的有期徒刑，以及罰金一千美元。

但在一九六九年的「布蘭登堡訴俄亥俄州案」中，[45]美國最高法院推翻了這項判決。法官認為，依照憲法，即使是提倡動用武力或違法行為的言論，政府也不得禁止，除非這種主張的目的是煽動或激發立即的違法行為，而且很可能會煽動或激發出這類行為。法院解釋「僅訴諸武力和暴力的道德正當性甚至道德必要性的抽象教學，並不等同於組織一群人準備發動並實際推行暴力行動。」[46]如果布蘭登堡進一步呼籲自己煽動起來的暴民直接攻擊他人或財產，就是越過了言論與犯罪行為的界線。然而，如果只是與同夥討論令人嫌惡的想法、穿著令人不悅的服裝且攜帶槍械，供人拍攝這些活動，並不構成犯罪。

此一判決讓美國成為民主國家中的一個異數。如果我們檢視民主指數中表現最好的國家，會發現這些國家的國內法中都有針對極端言論，尤其是針對特定族裔或弱勢群體的言論之禁令。至於非民主國家或弱勢民主國家（weak democracies），有些政府顯然只是以仇恨言論禁令來壓制眼中的政敵。[47]

同樣清楚的是，世界上某些地區群體間激烈對立，而且政府可能缺乏保護那些暴力或歧視之潛在受害者的手段。由於這些地區的衝突根植於當地的文化與歷史，試圖將普世規則套用在他們身上，注定是過於天真。

所以，我們面臨一個難題。世界上最民主的國家，也就是少數幾個真正可以稱為人權體制的國家，顯然是反對觀點絕對主義的。多年來，他們的法律體系穩定地採納或擴大了對種族歧視、性別歧視、恐同性戀、恐跨性別、恐怖主義等極端言論的禁令。這些禁令肯定會對挑釁性言論加以懲處，美國法律也是如此。但是，它們也禁止在公共領域以一般思想的形式，向一般群眾發表某些形式的極端言論。例如，如果今天某個西歐國家發現類似布蘭登堡所進行的活動，該國很可能會依法加以懲處，雖然不一定嚴厲。在多數情況下，只有針對累犯或重犯才會加重刑罰，而且這種情況往往很少。決定性的重點是，大多數民主國家都想保留「禁止在公共領域發表極端言論」的特權，而美國的法律在布蘭登堡訴俄亥俄州案案中，禁止了這種禁令。

對極端言論的禁令符合主要人權條約的精神。例如《公民與政治權利國際公約》規定：「任何鼓吹民族、種族或宗教仇恨之主張，構成煽動、歧視、敵視或強暴者，應以法律禁止之。」[48]《消除一切形式種族歧視國際公約》同樣規定所有締約國：

a. 應宣告凡傳播以種族優越或仇恨為根據的思想，煽動種族歧視……概為犯罪行為，依法懲處。

b. 應宣告凡組織及有組織的宣傳活動與所有其他宣傳活動的提倡及煽動種族歧視者，概為非法，加以禁止，並確認參加此等組織或活動為犯罪行為，依法懲處。[49]

為這類禁令辯護的一個常見理由是，如果將人權擴展到包含公開否認他人的人性或權利的自由，人權將變得自相矛盾。[50]可以確定的是，在極端分子對於被誹謗群體的成員發表仇恨言論，升級到展開暴力肢體行動時，民主國家之間針對刑事制裁的合法性，就有比較大的共識。例如，儘管美國法律允許布蘭登堡這類的仇恨言論，但它仍然允許各州在展現歧視性動機時，加重對謀殺、毆打、破壞公物等仇恨犯罪的懲處。[51]

在表現最佳的民主國家中，極端言論禁令的倡導者認為，這種禁令只會影響少數的言論。然而，一旦觀點能以「不為人所接受」為由依法禁止，可能就難以找到一個合乎邏輯的停止點。那麼，觀點絕對主義是否仍能被視為人權體系的必要條件？還是我們必須找到「近乎絕對主義」的選擇？若是如此，這個「近乎」又該有多接近，而且誰有權讓誰閉嘴？可接受的觀點與不可接受的觀點之間的分界線，愈來愈政治化，似乎讓論述原則的基礎變得愈來愈不穩固。

我承認，仇恨言論會對民主、尊嚴及平等的價值觀造成傷害，但也懷疑在民主程度高的國家裡，在打擊針對歷史上被貶低之群體的暴力與歧視上，禁令是否是政治上合法、實用、有效的解決方案。[52]我與其他人同樣認為，尤其是在網路時代，只有透過幼兒教育宣揚有組織、積極主動的「反擊言論」（counter-speech），才有可能在遏制仇恨言論方面取得重大的進展。

根據一種常見的誤解，不施行禁令意味著一個國家袖手旁觀、無所作為、被動地接受歧視。[53]但這種看法缺乏任何穩固的基礎。的確，民主程度最高的國家大多都有禁止仇恨言論的法律，但我認為，他們在人權方面的良好表現，比較是全面且積極的政策使然，透過課綱、媒體宣傳及其他反歧視政策，讓國民自幼就接受多元的價值觀，禁令的影響相對不大，而且有可能讓問題惡化。例如，我認為德國在宣揚對猶太人大屠殺的反省方面成功，並非來自該國禁止否認大屠殺的言論，而是來自其二次大戰後的教育、媒體與提升公眾意識的措施。[54]

觀點絕對主義當然可以被少數最民主的國家採納。表現最好的人權國家，全都符合歷史長遠、社會安定且經濟繁榮的民主國家標準。由於歷史長遠，他們的民主文化得以長期滲透人民的態度、期待與實踐之中，超出了民主憲法「字面上」的規定。由於社會安定，他們在近年來無須以國家安全為由，廣泛地收回民眾的權利。由於經濟繁榮，他們不必對一般民眾陳述的思想施加觀點選擇性的禁令，就能保護弱勢群體。[55]我認為，觀點絕對主義依然是妥當的基準。

然而，現實比基準更複雜。極端言論的問題將長期存在分歧，因此我們需要決定「論述原則是否必須包括發表極端言論的自由」。畢竟，如果人權的可能性本身取決於論述原則，那麼最不令人滿意的結果，將是所有人權都淪為這種爭議的人質。然而，仔細檢視，我在本書中所論證的一切，都沒有循經典的美國第一修正案路線，決定性地論定一個人偏好的言論自由模式是否為「觀點絕對主義」，也沒有依循其他表現最佳的民主國家路線的「觀點近乎絕對主義」。

「發表仇恨言論的自由」是觀點絕對主義的一種極具爭議性的展現，但更突出的一點是，全球表現最佳的民主國家，都壓倒性地同意保障自由且公開地討論無數有關促進人權的話題。表現最佳的民主國家，對於批評與抗議政府，以及發表多元政治觀點的包容度，堪稱史上罕見。儘管對極端言論的看法存在分歧，但這些民主國家在制度的設計上，都是貨真價實的人權國家。

我在本章討論的二十世紀案例，都闡述了觀點絕對主義或近乎絕對主義的核心原則。然而，在二十一世紀的電子媒體大幅改變了公共領域後，它們說的似乎又顯得太少。嚴格來說，只要社群媒體公司是由私人所擁有、經營的，它們就能隨心所欲地進行審查。在傳統的合約模式下，我們加入一個社群網站，就如同加入一家私人俱樂部，有可能依照合約條款所明定的義務，遭到停權或封鎖。

問題在於，如今公共領域已經被這些私人公司接管。街頭演講及抗議活動仍會發生，但最具影響力的論壇已經轉移到網路上，就連現場活動也日益仰賴線上動員。虛擬公共領域由非經選舉產生的企業經理，以及不知名且通常是跨國外包的員工所監督。無論是基於什麼務實的理由，這些公司往往不會對大眾與用戶的擔憂做出回應，或是以不透明的方式處理，而且審查標準似乎是他們的自由心證。他們模糊的政策制定是以股東的利益為優先，而不是基於啟蒙大眾的崇高承諾。

可以肯定的是，版主根據挑釁性言論原則進行審查，或是國家以懲罰手段來干預針對可查明身分者的線上騷擾，依然是合法的，但所有政治光譜的人都變得愈來愈不滿。有些人會盡可能不審查，甚至放任發表美化暴行或反民主的暴力之貼文。有些人則會積極審查極端或其他危險言論，但由於每天的貼文數量龐大，可能難以秉持一貫的審查標準。[56]

唐納・川普（Donald Trump）在二〇二一年一月遭主要社群媒體停權，[57]這件事釋放出一個象徵性十足的訊息，但此作法的長期效果依然不明，主要是因為基於民主原則及監督的語用學（pragmatics，註：指語言行為的文化準繩與發言規則），不可能輕易迫使數百萬名具有相同想法的人噤聲。這個問題既適用於審查像川普這樣的個人，也適用於審查一種思想。不可否認的，禁止「深層政府」理論、氣候變遷否定論、疫情陰謀論等危險的觀點，對大多數人有好處，但當成千上百萬人持有這種觀點時，公平有效的監控就成了一項艱鉅的任務。

然而，就整體而言，網路對我在本書中提及的人權模式影響不大。專制國家只是將網路納入他們的鎮壓手段，從傳統的管理主義，逐步發展到愈來愈密不透風、愈來愈駭人的管理主義，但沒有改變嚴密管理的立場。至於民主國家，一些公民會抱怨自己的人權因極端言論的傳播而受損，另一些公民則會抗議自己的權利因這類言論的網路審查而受損，但這個爭論又回到了我一直在討論的重點。處理極端言論的語用學，將會繼續發展，[58]然而，必須在「觀點絕對主義」與「觀點近乎絕對主義」之間做選擇的兩難仍將存在，但這通常對公民追求人權的影響極小。如果一個很民主的國家開始操縱網路來審查非極端言論以壓制政治異議，就意味著該國的民主正遭到侵蝕，從而危及該國人權國家的地位。

最後，請回想我在本書開頭所指出的，人權以公民平等為前提。我們仍然感到困惑的是，平等似乎比言論自由更具有基礎地位。那麼，將言論自由做為基礎的理由會是什麼？《世界人權宣言》第二條，將不歧視定為享有其他所有權利的條件：「人人有資格享受本宣言所載的一切權利和自由，不分種族、膚色、性別、語言、宗教、政治或其他見解、國籍或社會出身、財產、出生或其他身分等任何區別。」這則規範在無數人權文件中被重申，並被廣泛承認為國際習慣法。

建構人權所需的言論自由，當然以某種程度的平等為前提，但不平等的持續存在，則引發了一個問題，就是有無或何時能有足以讓所有聲音都能被聽見的平等。即使在人權紀錄最好的國家，我們也會看到極大的貧富差距，而富人通常較容易取得直接或間接地進入公共領域的管道。所以，替人類福祉成為人權來創造條件的，不是平等，而是言論自由。觀點絕對主義，或甚至觀點近乎絕對主義，可以相當確定地確立。挪威或紐西蘭等人權表現良好的國家，的確禁止各種形式的極端言論，但公民對於取得公共對話管道，以便討論無數人權相關問題，仍保有信心。

我們可以在許多民主國家中看到嚴重的不平等，但怎樣才算足夠的平等，這一直是個爭議，而且往往取決於個人偏好什麼樣的經濟模式。如果一個家庭能將一萬美元用在政治或公益活動上，而另一個家庭必須將這筆錢用在照顧年邁的親人上，那麼這樣的不平等，是否意味著第二個家庭被不公平地排除在公共領域之外？抑或只是處於可容忍的劣勢？

言論自由體制的批評者認為，群體之間的權力不平衡，讓公平競爭變得不可能，但這種不平衡普遍存在於大多數社會中。有些人則認為，這個僅比較兩戶家庭的例子過於簡化。此例將不平等視為隨機發生的，但事實是，某些群體已經連續好幾代都面對根深柢固的不平等。這些批評者認為，某些群體在歷史上屈居從屬地位，是因為成員在公共領域缺乏與其他群體一樣大的聲量。然而，持這種立場的人，極少以嚴謹的經濟詞彙來界定所需要的平等是多少。如果只需要做到《經濟社會文化權利國際公約》所要求的最低限度，那麼群體之間的不平等仍會存在。

二〇一五年，曼徹斯特大學言論自由和世俗協會（Free Speech and Secular Society）邀請作家朱莉・賓德爾（Julie Bindel）參加一場探討女權主義與言論自由之間衝突的辯論會。賓德爾先前曾因拒絕將跨性別女性視同生理女性而引發眾怒。大學學生會出手干預，導致賓德爾被取消邀請（形同被「停權」或「失去平台」）。[59]有人將此視為一個公共領域系統性失衡的例子：否定跨性別女性平等的生理女性，再加上否定跨性別男性平等的生理男性，人數必然遠遠超過跨性別者。

這個爭論的問題不在於它是錯的，而在於它只對了一半。歷史上，有無數社會問題與權力失衡有關，包括貧窮、全球暖化、經濟全球化、醫療資源不均、政治迫害、企業權力、政治腐敗、歧視等。讓它們演變成社會問題的，往往就是權力不平衡。嚴格來說，優勢立場的支持者應被排除的想法，將導致這些問題無法公平地被討論，辯論會注定將淪為單方面的教條複誦。

特別是，許多群體淪為弱勢，往往被歸因於資本主義注定會造成的不平等。在這種情況下，是不是要天天發動對大多數西方經濟學系所的抵制，直到他們所有的教職人員，包括其中最左傾的在內，悉數被反對資本主義或是支持平等主義的經濟學教職人員所取代？這種運動其實更容易發起，因為這類系所就設在國內，無須仰賴向外界發出特殊邀請的機緣巧合。然而，這種可輕易對抗那些促成社會政治權力不平衡體制者的機會，似乎完全被忽視，這引發了一個嚴肅的問題：活動人士究竟是如何定義「不平等」與「權力失衡」的？

言論自由的確以「公民平等」為先決條件，但為了建立人權體制，它的前提僅限於提供足以確保公民享有穩固的公共對話領域的安全管道。換言之，最具決定性的仍然是言論自由。一旦我們將門檻設在「公民享有公共對話所需的公民平等水準」，挪威和紐西蘭的表現就會很好。但若將門檻設在「完全平等地享有公共對話權」，或許以同等家庭收入水準（或將不同家庭的特定需求納入考量後的同等家庭收入水準）來衡量，那麼即使這些國家也不再符合被視為人權體制國家的資格，對人權的追求也將開始顯得不再實際。**唯有言論自由，無論是透過觀點絕對主義或觀點近乎絕對主義，才能被視為人權存在的綜合條件**。如同所有人權，爭取平等需要戰鬥，而在人權體制內，這種戰鬥唯一可用的武器就是言語。相對的，除非言論自由已經被預設了，否則不會有以言語為言論自由而戰這種事存在。

✦ ✦ ✦

總結本章的內容，為言論自由劃定一個眾可接受的界線，這一直存在爭議，但試圖以「傷害」之類的開放性原則，來定義「自由」之類的另一種開放性原則，對解決最具爭議性的問題是無濟於事的。區分「針對內容的限制」與「針對觀點的限制」之間的差異，已被證明更有成效。至少，大家對一些針對內容的限制是毫無爭議的，例如禁止詐騙廣告、禁止在法庭上作偽證、禁止破壞財物、禁止以挑釁性言論攻擊其他人等等。相較之下，對極端言論的看法仍將持續分歧，但絕大多數表現最好的民主國家，不會因觀點而歧視他人。它們的民主文化是多元化的，不僅為政治異議提供了寬廣的空間，也為真正的人權體制創造了有力的框架。

Chapter 7

結論

CONCLUSION

「正義」的概念與人類的歷史同樣古老。許多古老的體系當然敦促政府謹慎對待人民，而「人權」就是性質近似的一種體系。近年來，專家迫不及待地強調舊的信仰體系與人權之間的重疊。然而，無論這些重疊有多明確，一些重要的問題卻很少受到關注。人權能做哪些其他體系不做的事？許多信仰體系都提供人類福祉，但當這些福祉成為人權的目標，那又意味著什麼？

人權的一個基本要素是，它們蘊含了平等主義。在人類史上的大部分時間裡，社會都是依階層建構的，即使它們的信仰體系有時也蘊含平等主義的理想。對人權需要多少平等的看法雖有分歧，但至少所有公民都必須享有足夠的平等，才有辦法追求自己的權利。可以肯定的是，儘管古代司法體系通常以階層性的群體為前提，但它們可以為了與人權兼容而改變。古老的體系總是會為了適應新環境而做調整，而且在當今世上大部分地區，對平等主義的渴望比過去更強烈。然而，我們不能低估人權對其他制度的要求，**因為人權的先決條件是安全且穩固的言論自由領域**，包括公開、坦誠，甚至是粗暴地批評政府及官員的可能性。

與平等主義密切相關的是人權的個人主義。數千年來，人類一直受制於以血緣、氏族、階級、種姓、宗教等從屬關係構成的群體。然而，在西方哲學中，一個重要的變化始於十七世紀。湯瑪斯・霍布斯提出了一個全面性的政治藍圖，其中的個體不受任何親屬團體、宗族、階級等權威實體的約束，僅從屬於君主。對霍布斯而言，人天生就擁有完整的自然權利，但隨後自願將這些權利交給君主，以換取社會和平的承諾。這種「所有個體原本擁有完整的自然權利，卻在後來自願放棄」的概念，無疑是思想朝現代人權概念邁進的一個怪異開端，但霍布斯的這種觀點，是政治哲學首度將個人權利持有者置於政治的基礎之上。

另一位十七世紀的傑出人物勒內．笛卡兒，進一步定義了個人的人權，儘管他並不算是政治哲學家。笛卡兒假設人類能夠獨立於教會、國家等權威進行思考。當然，自十九世紀以來，笛卡兒的個人主義就遭受猛烈的批評。從黑格爾到海德格，都否定社會是由自給自足、孤立的、原子化的個體匯集而成的。儘管如此，人權依然存在，但我們必須謹記，從更廣泛的歷史及人類學角度來看，他們提出的關於個人主義與平等主義的假說，多麼具有破壞性。儘管近年來有些作家將人權建立在更穩固的人際關係與社區模式中，但這些模式不能擴展到消除個人主義的程度；所謂的個人主義，是指保護我們行使人權的選擇，而其他人對這些選擇沒有任何否決權。

「正義」、「公平」與其他類似詞彙的概念，開放性太強，無法產生明確的解釋，往往能被詮釋成相互矛盾的意涵，「權利」的概念也是如此。一些十八世紀的權利憲章，到如今基本上依然適用，但這並不意味著在漫長的歲月裡，人們對它們的解讀一直是相同的。

在十九世紀，採用這類憲章的社會，將它們解釋為與人種、性別、殖民地等歧視是一致的。馬克思完全否定人權，堅信它不過是以普世價值為幌子來鞏固菁英利益的手段。相較之下，伊麗莎白．凱迪．斯坦頓、弗雷德里克．道格拉斯、蘇珊．安東尼等人，則堅持在既有的框架中重新解釋權利，證明了除非它們將少數族裔及婦女納入其中，否則就缺乏意義。

到了二十世紀，韋斯利．霍菲爾德及漢斯．凱爾森等人，為權利界定出一種具體的法律性概念，主張法律權利必然與法律義務相關。我把這種關係稱為「義務原則」，後來的作者又更進一步地勾勒出人權義務與國家義務相關的結論。事實上，權利的概念過於模糊的問題，從來不是國際體系出現時的最大障礙，主要的絆腳石是主權主義。只要國際法體系存在，大家就會把政府對待公民的方式視為內政問題。人權的國際化必須小心翼翼地推展。

實施國際人權法及制定這類義務的主要手段是簽署條約，唯有同意條約內容的簽署國，才會受到約束。當然，許多國家是為了公關目的才簽約，而不是真的為了保障權利。然而，某些主要條約已經獲得廣泛的認可，人權已逐漸轉變成國際關注的焦點。條約法逐漸得到義務相關的習慣法支持，使得一個國家即便未簽約，也必須承擔這些義務。

複雜的國際人權法體系受到無數監督機構的監督，由於許多機構的監督方式大同小異，對體制造成了可觀的冗餘。然而，它們對權利意識在全球的普及也有貢獻。在一個通常礙於成本考量，追求權利的其他手段可能受到限制的世界中，大眾意識往往是人權工作最有力的管道。

《世界人權宣言》已經涵蓋了各式各樣可能隨著當前國際體系的成熟而擴張的權利。然而，這種擴張也為這場運動的普世願景帶來了問題。儘管國際人權的清單很長，但官方政策仍堅持「不可分性」，或至少是「不從屬性」，也就是沒有一項權利應該被視為比其他任何權利更重要。如果所有權利都不需要成本，這項原則就不會造成任何問題，但情況正好相反。理應沒有成本的「消極」權利，與成本高昂的「積極」權利的區分方式，已被證明過於簡單。較準確的觀點是，若要有效實施，所有權利都得付出相當高的成本。

然而，有鑑於所有國家都在財政約束下運作，「不從屬性」在財政上變得不可能。事實上，相反的政策變成了強制性的，由於「不從屬性」的神話繼續受到吹捧，我們發現到處都在實踐一種權衡取捨，但這種情況並沒有被正式承認。一旦我們身處一個需要權衡取捨的世界裡，國家就較容易以顧及其他權利為由，將忽視某些權利合理化。監督機構當然會注意到這種忽視，然而一旦假定該國資源有限（必須如此），他們也就無能為力。在實踐中，一個國家往往可以宣稱，將資源從人道監督轉移到農業發展上，或從監獄維安轉移到興建住居上是正當的。

當言論自由也能與其他人類福祉做權衡取捨時，意味著這種體制已經變得與人類福祉管理體制無法區分。儘管「人權」這個詞幾乎無所不在，但現行體制永遠不可能成為，也從未被視為國際人權體制。我的質疑並不是常聽到的那種務實的質疑，即問題不是出在缺乏政治意願或資源不足，儘管這些事項肯定也是問題。我的問題是概念性的。如果人權要維持獨特的意涵，如果不想讓人權淪為人類福祉的管理體制，使權利的概念變得冗餘，那麼我們必須更精確地定義人權的必要成分。

因此，我對當前的國際體系是否為目前最好的體系，不持任何立場。我唯一的在意的是，它們並不是人權體系。義務原則是不可或缺的，但還需要更多。

根據定義，權利意味著提出索求（claim）的可能性。它所預設的言論自由，至少得與索求所需的一樣多。然而，有鑑於人權所涵蓋的福祉範圍甚廣，而且人權並不總是透過正式的司法管道來追求，因此言論的範圍必須夠寬廣。對那些不論對錯地堅信自己的權利遭到侵犯或忽視的人來說，在安全且穩固的公共領域內的言論自由，就是他們的終極訴求。只有在公共對話的領域裡，由國家所管理的人類福祉，才能成為由公民導向的人權的目標。儘管歷史上不乏各類包容相對寬廣的言論自由的政權，但這往往意味著，今天的言論自由可能會在明天被撤銷，甚至受罰。唯有在憲政民主中，言論自由才會是公民權固有的一部分。

公共表達的範圍可能難以界定，但一些基本要素是無可爭議的。例如，並不是在公共場所發表的所有言論都算公共對話。那種直接針對可識別個人的侮辱，長年來一直被視為「挑釁性言論」，在任何嚴肅的意義上都不能被視為向一般大眾發表的一般性想法，因此可以合法地加以禁止。

然而，這並不意味著言論必須溫和。向一般大眾發表的一般性演講，必須能包容對政府、公職人員及政策的敵意。穩固的公共領域當然會與某些內容的言論限制兼容，例如禁止詐騙廣告、在法庭上作偽證或破壞財物。然而，公共對話領域的先決條件是，政府不得僅憑自己的觀點對思想進行審查，也不得將選擇性的觀點箝制粉飾成選擇性的內容限制，並籠統地冠上危害「國家安全」或「公共秩序」的罪名。

當然，有些問題仍然存在，特別是在如何處理極端言論方面仍有分歧，那些表現最佳的人權體制，通常會在某種程度上禁止這些言論。然而，這類爭論雖然激烈，但絕不會削弱了「唯有在公民享有安全且穩固的公共對話領域時，人類福祉才能成為人權的目標」的中心論點。該領域究竟是觀點絕對主義還是觀點近乎絕對主義，仍將是一個無解的難題，但絕不能讓我們忽視以下的事實：表現最佳的人權國家，即使是觀點近乎絕對主義的國家，也是對異議及抗議的容忍度堪稱史上前所未有的國家。

人權體系唯有在這種民主文化中才能成形。更多蹣跚的民主國家，例如美國、印度或巴西，都曾犯下大規模、系統性的侵犯人權行為，但只要能在公共領域公開討論並將其認定為侵犯人權行為，就是有意義的。相對的，將人權標準套用在那種對公共領域進行全面性壓制，甚至沒有打算保障人權的國家上，就是在摧毀人權概念，而大家從未認真區別「真正以公民為導向的人權體制」與「純粹由國家壟斷的人類福祉管理體制」的不同，後者的管理體制不僅是人權的變種，還是人權的對立面。當我們將兩個完全矛盾的概念混淆時，只證明了我們一開始就沒把這件事想清楚，無論我們多麼頻繁、多麼自信地複誦這些原則。

現在是重新思考人權的時候了。國際組織已經建造了一座壯麗的人類福祉大教堂，現在是將一些關於人權的論點釘在它門上的時候了。

—附錄—

世界人權宣言

前言

鑒於對人類家庭所有成員的固有尊嚴及其平等和不移之權利的承認，乃是世界自由、正義與和平的基礎，

鑒於對人權的無視和侮蔑已經發展為野蠻暴行，這些暴行玷污了人類的良心，而一個人人享有言論和信仰自由並免予恐懼和匱乏的世界來臨，已被宣布為普遍人民的最高願望，

鑒於為使人類不致迫不得已鋌而走險而對暴政和壓迫進行反叛，有必要使人權受法治的保護，

鑒於有必要促進各國間友好關係的發展，

鑒於各聯合國國家人民已在《聯合國憲章》中重申他們對基本人權、人格尊嚴和價值，

以及男女平等權利的信念，並決心促成較大自由中的社會進步和生活水準的改善，

鑒於各會員國並已誓願與聯合國合作，以促進對人權和基本自由的普遍尊重及遵行，

鑒於這些權利和自由的普遍了解對於這個誓願的充分實現具有很大的重要性，

因此現在，大會，發布此《世界人權宣言》，作為所有人民和所有國家努力實現的共同標準，以期每個人和社會機構經常銘念本宣言，努力透過教誨和教育促進對權利與自由的尊重，並透過國家和國際的漸進措施，使這些權利和自由在各會員國本身人民及在其管轄領土下的人民中，得到普遍和有效的承認及遵行。

第一條

人人生而自由，在尊嚴和權利上一律平等。他們賦有理性和良心，並應以兄弟關係的精神相對待。

第二條

人人有資格享受本宣言所載的一切權利和自由，不分種族、膚色、性別、語言、宗教、政治或其他見解、國籍或社會出身、財產、出生或其他身分等任何區別。並且不得因一人所

屬的國家或領土的、政治的、行政的或國際的地位之不同而有所區別，無論該領土是獨立領土、託管領土、非自治領土，或者處於其他任何主權受限制的情況之下。

第三條

人人有權享有生命、自由和人身安全。

第四條

任何人不得使為奴隸或奴役；一切形式的奴隸制度和奴隸買賣，均應予以禁止。

第五條

任何人不得加以酷刑，或施以殘忍的、不人道的或侮辱性的待遇或刑罰。

第六條

人人在任何地方有權被承認在法律前的人格。

第七條

法律之前人人平等，並有權享受法律的平等保護，不受任何歧視。人人有權享受平等保護，以免受違反本宣言的任何歧視行為以及煽動這種歧視的任何行為之害。

第八條

任何人當憲法或法律所賦予他的基本權利遭受侵害時，有權由合格的國家法庭對這種侵害行為作有效的補救。

第九條

任何人不得加以任意逮捕、拘禁或放逐。

第十條

人人完全平等地有權由一個獨立而無偏頗的法庭，進行公正和公開的審訊，以確定他的權利和義務，並判定對他提出的任何刑事指控。

第十一條

一、凡受刑事控告者，在未經獲得辯護上所需的一切保證的公開審判而依法證實有罪以前，有權被視為無罪。

二、任何人的任何行為或不行為，在其發生時依國家法或國際法均不構成刑事罪者，不得被判為犯有刑事罪。刑罰不得重於犯罪時適用的法律規定。

第十二條

任何人的私生活、家庭、住宅和通信不得任意干涉，他的榮譽和名譽不得加以攻擊。人人有權享受法律保護，以免受這種干涉或攻擊。

第十三條

一、人人在各國境內有權自由遷徙和居住。

二、人人有權離開任何國家，包括其本國在內，並有權返回他的國家。

第十四條

一、人人有權在其他國家尋求和享受庇護以避免迫害。

二、在真正由於非政治性的罪行或違背聯合國的宗旨和原則的行為而被起訴的情況下，不得援用此種權利。

第十五條

一、人人有權享有國籍。

二、任何人的國籍不得任意剝奪，亦不得否認其改變國籍的權利。

第十六條

一、成年男女，不受種族、國籍或宗教的任何限制，有權婚嫁和成立家庭。他們在婚姻方面，在結婚期間和解除婚約時，應有平等的權利。

二、只有經男女雙方自由和完全的同意，才能締結婚姻。

三、家庭是天然和基本的社會單元，應受社會和國家的保護。

第十七條

一、人人得有單獨的財產所有權以及同他人合有的所有權。

二、任何人的財產不得任意剝奪。

第十八條

人人有思想、良心和宗教自由的權利；此項權利包括改變他的宗教或信仰的自由，以及單獨或集體、公開或祕密地以教義、實踐、禮拜和戒律表示他的宗教或信仰的自由。

第十九條

人人有權享受主張和發表意見的自由；此項權利包括持有主張而不受干涉的自由，和通過任何媒介和不論國界尋求、接受及傳遞消息與思想的自由。

第二十條

一、人人有權享有和平集會和結社的自由。

二、任何人不得迫使隸屬於某一團體。

第二十一條

一、人人有直接或通過自由選擇的代表參與治理本國的權利。

二、人人有平等機會參加本國公務的權利。

三、人民的意志是政府權力的基礎；這一意志應以定期和真正的選舉予以表現，而選舉應依據普遍和平等的投票權，並以不記名投票或相當的自由投票程序進行。

第二十二條

每個人，作為社會的一員，有權享受社會保障，並有權享受他的個人尊嚴和人格的自由發展所必需的經濟、社會與文化方面各種權利的實現，這種實現是透過國家努力和國際合作並依照各國的組織和資源情況。

第二十三條

一、人人有權工作，自由選擇職業、接受公正和合適的工作條件，並享受免於失業的保障。

二、人人有同工同酬的權利，不受任何歧視。

三、每一個工作的人，有權享受公正和合適的報酬，保證使本人和家屬有一個符合人的尊嚴的生活條件，必要時並輔以其他方式的社會保障。

四、人人有為維護其利益而組織和參加工會的權利。

第二十四條

人人有享受休息和閒暇的權利，包括工作時間有合理限制和定期給薪休假的權利。

第二十五條

一、人人有權享受為維持他本人和家屬的健康與福利所需的生活水準，包括食物、衣著、住房、醫療和必要的社會服務；在遭到失業、疾病、殘廢、守寡、衰老或在其他不能控制的情況下喪失謀生能力時，有權享受保障。

二、母親和兒童有權享受特別照顧與協助。一切兒童，無論婚生或非婚生，都應享受同樣的社會保護。

第二十六條

一、人人都有受教育的權利，教育應當免費，至少在初級和基本階段應如此。初級教育應屬義務性質。技術和職業教育應普遍設立。高等教育應根據成績而對一切人平等開放。

二、教育的目的在於充分發展人的個性並加強對人權和基本自由的尊重。教育應促進各國、各種族或各宗教集團間的了解、容忍和友誼，並應促進聯合國維護和平的各項活動。

三、父母對其子女所應受的教育的種類，有優先選擇的權利。

第二十七條

一、人人有權自由參加社會的文化生活，享受藝術，並分享科學進步及其產生的福利。

二、人人對由於他所創作的任何科學、文學或美術作品而產生的精神和物質的利益，有享受保護的權利。

第二十八條

人人有權要求一種社會和國際的秩序，在這種秩序中，本宣言所載的權利和自由能獲得充分實現。

第二十九條

一、人人對社會負有義務，因為只有在社會中，他的個性才可能得到自由和充分的發展。

二、人人在行使他的權利和自由時，只受法律所確定的限制，確定此種限制的唯一目的在於保證對旁人的權利和自由給予應有的承認與尊重，並在一個民主社會中適應道德、公共秩序和普遍福利的正當需要。

三、這些權利和自由的行使，無論在任何情形下均不得違背聯合國的宗旨和原則。

第三十條

本宣言的任何條文，不得解釋為默許任何國家、集團或個人有權進行任何旨在破壞本宣言所載的任何權利和自由的活動或行為。

致謝

本書中的一些討論改編自〈靈活普遍性的神話〉（The Myth of Flexible Universality, *Oxford Journal of Legal Studies* 39, no. 3 (2019): 624–653），以及〈全球自由主義：國際人權法允許多少公共道德？〉（Global Libertarianism: How Much Public Morality Does International Human Rights Law Allow? *International Theory*, 2022）。

我也要感謝對全文草稿或部分內容的報告回饋意見的同仁，包括約翰・阿德尼泰爾（John Adenitire）、伊恩・克拉姆（Ian Cram）、海倫娜・德拉卡基斯（Helena Drakakis）、約翰・德拉卡基斯（John Drakakis）、克里斯蒂安・斯卡根・埃克利（Kristian Skagen Ekeli）、阿德里安・豪（Adrian Howe）、羅莎・弗里德曼（Rosa Freedman）、大衛・麥克格羅根（David McGrogan）、萊斯・莫蘭（Les Moran）、喬・默肯斯（Jo Murkens）、理查德・諾布爾斯（Richard Nobles）、約安娜・圖爾科喬里蒂（Ioanna Tourkochoriti）、史蒂芬・惠特利（Steven Wheatley）、威廉・威爾遜（William Wilson）、馬克・沃爾夫格拉姆（Mark

Wolfgram）。

還要感謝麻省理工學院出版社每位匿名審稿人提出的深思熟慮的建議。

我很感激有機會在幾次活動中闡述本書提出的想法，包括二〇二〇年十二月，由傑里米・薩金（Jeremy Sarkin）主持並由法律出版社Intersentia在網路上轉播的「只是回憶：政治暴力後的紀念和恢復」（Just Memories: Remembrance and Restoration in the Aftermath of Political Violence）；二〇一九年十二月，在牛津大學由牛津大學國際發展系（ODID）的諾埃爾・克羅斯利（Noele Crossley）主持的「人權的一致性」（Consistency in Human Rights）會議上的演講；二〇一九年十一月，在義大利卡塔尼亞大學的政治與社會科學部，由法布里齊奧・夏卡（Fabrizio Sciacca）主持的客座講座；二〇一九年十月，在西敏大學（University of Westminster）由西爾維・巴凱特（Sylvie Bacquet）主持的「宗教和社會當代問題的多學科方法」（Multi- disciplinary Approaches to Contemporary Issues in Religion and Society）會議上的演講；二〇一九年九月，在倫敦大學阿拉伯進步中心（Centre for Arab Progress）的「穆斯林少數民族與人權」（Muslim Minorities and Human Rights）會議上的演講；二〇一九年五月，在挪威奧斯陸市的奇維塔學院（Civita-akademiet），由托克爾・布雷克（Torkel Brekke）主持的特邀演講；二〇一九年五月，在瑞典隆德市（Lund），由瓦倫堡基金會

（The Wallenberg Foundation，瑞典）、嘉士伯基金會（Carlsberg Foundation，丹麥）、聖保羅公司（Compagnia di San Paolo，義大利）、大眾基金會（Volkswagen Foundation，德國）和瑞典銀行成立一百週年基金會（Riksbankens Jubileumsfond，瑞典）共同主辦的「傳承與變革」（Heritage and Change）會議；二〇一九年三月，在義大利博洛尼亞大學（Università di Bologna），由伊曼紐拉·佛朗扎（Emanuela Fronza）與保羅·卡羅利（Paolo Caroli）主持的「作為解釋的民主」（Democracy as Interpretation）會議上的演講。

二〇一八年十月，在蘭開斯特大學（Lancaster University）法律與社會中心，由史蒂芬·惠特利主持的「體系理論與人權會議」（Conference on Systems Theory and Human Rights）上的演講；二〇一八年五月，在義大利博洛尼亞大學，由伊曼紐拉·佛朗扎主持的「時間、記憶和刑法」（Time, Memory and Criminal Law）會議上的演講；二〇一七年三月，在英國杜倫大學（Durham University）的杜倫法學院，由豪爾赫·努涅斯（Jorge Núñez）籌備，並由加文·菲利普森（Gavin Phillipson）主持的「北法學研究文件系列」（Juris North Working Paper Series）的客座講座；二〇一七年二月，在英國卡迪夫大學（Cardiff University）政治理論研究部的政治理論研究研討會上，由馬修·博諾蒂（Matteo Bonotti）籌備的客座演講；二〇一六年十二月，在倫敦大學皇家霍洛威學院（Royal Holloway, University of London）法律與犯罪學系，由羅布・傑戈（Rob Jago）主持的客座演講。

感謝歐盟的歐洲研究領域人文科學（HERA）計畫的慷慨資助，讓我得以用四國MELA財團（歐洲和比較觀點下的記憶規律〔Memory Laws in European and Comparative Perspective〕，二〇一六至二〇一九年）的計畫總監之身分，參加上述的博洛尼亞會議。

最後，由衷感謝我的經紀人傑米・馬歇爾（Jaime Marshall）的耐心與支持，茱莉亞・柯林斯（Julia Collins）的仔細校對，以及我在麻省理工學院出版社的編輯吉塔・德維・馬納克塔拉（Gita Devi Manaktala）與凱瑟琳・卡魯索（Kathleen Caruso）。

—附註—

①"Le vrai but de la politique n'est pas d'administrer le moins mal possible le bien commun" (Viansson-Ponté, "Quand la France," 1).

Chapter 1　介紹：人權概念的源起

①UN- HRC, Communication No. 2054/2011, paras.

②1–2.6. 2. UN- HRC, Communication No. 2001/2010, paras. 2.1–2.5.

③UN- HRC, Communication No. 1773/2008, paras. 2.1–2.14。人名音譯或有出入，但歐盟報告將Казулін譯為「Kozulin」（科祖林），而Аляксандр常被譯為「Alyaksandr」或「Alyaksander」（亞歷山大）。

④委員會判定，吉爾吉斯侵犯了埃爾納扎羅夫的生命權，以及不受酷刑或殘酷、不人道或有辱人格的待遇或處罰的權利。丹麥以殘疾為由而歧視Q，侵犯了他依法享有平等保護的權利。白俄

羅斯侵犯了科祖林享有公正的逮捕、審判及拘留條件的權利。二〇一九年，吉爾吉斯一家法院命令該國財政部，向埃爾納扎羅夫的家人支付賠償金。有鑑於Q不願透露姓名，無法獲得更多該案的相關消息。參見〈吉爾吉斯斯坦財政部〉（Ministry of Finance of Kyrgyzstan, 2019）。科祖林於二〇〇八年出獄。參見〈白俄羅斯持不同政見者出獄〉（Belarus Dissident Leaves Prison, 2008）。在撰寫本文時，丹麥人權研究所確認Q的身分仍未公開（作者存檔的為二〇二〇年四月三日的電子訊息）。

⑤ 一般參見《論語》。《論語》並不是出自孔子之筆，而是由弟子記下孔子的觀點。參見disciples. Cf. Hsi and Lu, *Reflections*, 183–259.。關於儒家與人權，參見de Bary and Weiming, *Confucianism and Human Rights*; Kim, “Confucianism, Moral Equality”; Sang- Jin, “Confucianism and Human Rights”; Sim, “A Confucian Approach”; Tiwald, “Confucianism and Human Rights.”

⑥ Politics 1287a30–32, in Aristotle, *Complete Works*, 2042–2043.

⑦《古蘭經》16:90。關於伊斯蘭教與人權，參見An- Na’im, “Universality and Human Rights”; An-Na’im, “Islam and Human Rights”; An- Na’im, “Compatibility Dialectic”; An- Na’im, “Complementary, Not Competing”; Baderin, *International Human Rights*; Baderin, “Human Rights and Islamic Law”; Bassiouni, *Menschenrechte*; Emon, Ellis, and Glahn, “From ‘Common Ground’ ”; Saeed, *Human Rights and Islam*.

⑧ Aquinas, *Summa Theologica*, ST I- II q.96 a. 1, 791.關於基督教與人權，參見Moyn, *Christian Human Rights*; Tierney, *Idea of Natural Rights*.

⑨ 關於佛教與人權，參見Loy, "A Different 'Enlightened' Jurisprudence?"; Nehring, "Human Rights"; Schmidt- Leukel, "Buddhism." 關於印度教與人權，參見Sharma, *Hinduism and Human Rights*; Desai, "Duties and Rights in Hinduism"; Tarasco, "Hinduism and Human Rights." 關於耆那教與人權，參見Shah, "Human Rights." 關於道教與人權，參見Palmer, "Daoism and Human Rights."

⑩ 參見第四章。

⑪ 傳統解釋，參見Lauterpacht, *International Bill*。近期歷史，參見Jensen, *Making of International Human Rights;* Moyn, *Last Utopia*。

⑫ 起草歷史，參見Glendon, *World Made New; Morsink, Universal Declaration of Human Rights*.

⑬ 關於堅持人權概念空洞性的經典論戰之一，參見Bentham, "Anarchical Fallacies." 關於國際法中概念與規範的可塑性的當代研究，參見e.g. Koskenniemi, *Apology to Utopia*.

⑭ 參見第三章。

⑮《世界人權宣言》第四條。

⑯ 孔子，《論語》。

⑰《馬太福音》（5:39），麥可・庫根（Michael D. Coogan）編《新牛津聖經註解》（*New Oxford*

Annotated Bible），一七五四頁。同樣的看法也適用於不成文的法律制度。例如，如果針對某特定群體的法律是由宗教會議逐案頒布的，未來遇到類似但不相同的情況時，哪些事可以做、哪些事不可以做的標準，可能會變得模糊不清。

⑱《世界人權宣言》前言。

⑲除了《權利法案》之外，還有更多憲法權利透過修正案或司法解釋獲得承認。

⑳參見第四章。

㉑Henkin, *Age of Rights*, xvii.

㉒關於從不同角度批評當代人權制度，參見Brown, "*The Most*"; Douzinas, *End of Human Rights*; Douzinas, *Human Rights and Empire*; Hopgood, *Endtimes of Human Rights*; Marks, "Human Rights and Root Causes"; Mutua, *Human Rights*; Posner, *Twilight of Human Rights Law*.

㉓關於討論國際法及人權中的技術官僚主義（technocracy）與管理主義，參見Kennedy, *World of Struggle*; McGrogan, *Critical Theory and Human Rights*.

㉔參見第四章。

㉕多國進行了檢驗公眾對人權的支持的研究，結果往往令人振奮。然而，就目前而言，這類研究結果所提供的訊息依然有限，因為它們都沒有根據我在本書中提出的概念來衡量人權，因此，採訪者與受訪者將「權利」與「人類福祉」混淆的危險頗為明顯。

㉖ Cf. Beitz, *Idea of Human Rights*, 106（從社會語言學的實踐描述人權）。

㉗ 參見第五章。

Chapter 2　什麼是「人權」所指的「人」？

① 我使用「差異主義」（differentialism）而不是「區別」（discrimination），以避免對早期社會做出時代錯置的價值判斷，並避免關於不平等待遇是否合理或在何時合理的爭論。此外，我將這兩種模式限定為「公民」（civic）模式，這是因為，並非所有差異主義或平等主義的關係都與人權有關。例如，大多數人都不會期望沒有接受過醫學訓練的人能與合格醫師在做心臟手術上享有平等的地位。只有當我們身為公民，並且是潛在的政治參與者時，差異主義或平等主義的關係，才會對人權產生決定性的意義。此外，對我來說，使用「平等主義」一詞而沒有設下「公民」的條件，會引發對人權所要求的平等程度的質疑。然而，在陳述了這些警告之後，我通常會為了減少字數而刪除「公民」這個條件性的字彙，因為我在談到差異主義或平等主義時，已經預設了這個條件。

②《以弗所書》（6:5），麥可・庫根編《新牛津聖經註解》，二〇五九頁。

③《以弗所書》（5:22），麥可・庫根編《新牛津聖經註解》，二〇五八頁。

④ 孔子，《論語》。

⑤孔子，《論語》。許多毛派人士起初抨擊儒家思想的階級歧視與性別歧視，但近年來，中國領導階層透過復興此傳統，來強化民族主義。例如，北京東城區的孔廟目前就加入了肯定此傳統的展示。

⑥Commentary by Wing-Tsit Chan, in Hsi and Lu, *Reflections* VI: 13, 177 n. 21.

⑦in Hsi and Lu, *Reflections* VI: 13, 177.

⑧Wing- Tsit Chan, in Hsi and Lu, *Reflections* VI: 13, 177 n. 21.

⑨參見Becker, “Politics, Differences and Economic Rights”; Minow, “Rights for the Next Generation; Minow, “Interpreting Rights”; Nedelsky, *Relations of Freedom*.

⑩我將差異主義與階級式集體主義做連結，因為有些集體主義政權也自稱追求平等主義。例如，二十世紀的社會主義國家將工業與農業集體化。撇開他們實際上做到多平等的問題，他們確實重建了每個個體都肩負持續性職責的集體。在指涉這種制度時，必須以「平等集體主義」（egalitarian collectivism）等詞彙，取代表2.1中的「個人主義」一詞。

⑪參見Vanderlinden, *Anthropologie juridique*.

⑫孔子，《論語》。

⑬孔子，《論語》。

⑭《論語》中屢屢驗證這些問題，較有系統的討論參見in Hsi and Lu, *Reflections* VI–IX, 183–237.

⑮一般參見 Hsi and Lu, *Reflections* VI, 171–182.

⑯莎士比亞提供了一個早年不同階級適用不同司法標準的生動例子。在《亨利六世》第二幕中，平民因叛國罪被判處極刑，而煽動他們觸法的貴族則因「出身較高貴」（Shakespeare, *Henry VI, Part Two* 2.3.9, 167），僅被判處三天公開懺悔，再遭到流放。

⑰參見第五章。

⑱參見第六章。

⑲孔子，《論語》。

⑳一般參見 Confucius，X, 146–160.

㉑孔子，《論語》。

㉒參見 Gadamer, *Wahrheit und Methode*, 312–346.

㉓參見 Gao and Yan, "The Source"; Nuyen, "Confucianism." 儘管儒家思想在幾千年來產生了強大的影響，但不應假定普通的中國人會以「儒家」自居，或者以我們在亞伯拉罕宗教傳統中常見的方式，明確認定儒家思想為他們身分認同的核心。誠如金聖文（Sungmoon Kim）所言：「雖然習慣與習俗深受儒家思想影響，（但）東亞人就意義上而言並不是哲學上一元、文化上單一的儒家。」Kim, "Confucianism, Moral Equality," 151–152.

㉔*Meno* 70a in Plato, *Complete Works*, 871.

㉕ *Meno* 71d–72a in Plato, 872.

㉖ *Meno* 81a in Plato, 880.

㉗ 在《會飲篇》（*Symposium*）中，柏拉圖讓蘇格拉底討論柏拉圖哲學的核心支柱，蘇格拉底聲稱這是從「一個在許多事上都很聰明的女人」——曼丁尼亞的第俄提瑪（Diotima of Mantinea）那裡學到的。*Symposium* 201d, in Plato, *Complete Works*, 484. 參見 Annas, "Plato's Republic and Feminism"; Fine, "Inquiry in the Meno."

㉘ 關於奴隸的地位與平等在柏拉圖思想中的地位，參見 Vlastos, *Platonic Studies*, 147–203.

㉙ 參見 *Émile* I, in Rousseau, *Oeuvres Complètes* (vol. 4), 250.

㉚ *Republic* 2.374e–4.434c, 5.474b–7.541b, in Plato, *Complete Works*, 1013–1066, 1101–1155.

㉛ *Republic* 1.1.1152a15–16, 2.2.1261b4–5, 4.17.1288a15, 6.2.1317b1–16 in Aristotle, *Complete Works*, 1986, 2001, 2044, 2091.

㉜ *Republic* 1.4.1253b31–32, in Aristotle, 1989.

㉝ *Republic* 1.12.1260a12–13, in Aristotle, 1999.

㉞ *Republic* 1.12.1260a13–14 in Aristotle, 1999.

㉟ 參見 Homiak, "Feminism and Aristotle's Rational Ideal."

㊱ 參見 Menke and Pollmann, *Philosophie der Menschenrechte*, 99（評如今公開反對人權的困難）。

㊲ Cf., Fisher, Horwitz, and Reed, *American Legal Realism*; Leiter, *Naturalizing Jurisprudence*.

㊳ Cf. Hart, "Positivism," 607. 對形式主義與現實主義本身的詮釋，可能就有歧異，還得加上其他風格的分析。關於對哈特的回應，參見Fuller, "Positivism and Fidelity to Law," 663; Schauer, "Formalism," 526.

㊴ 參見第六章。

㊵ 關於評估各國的標準，參見第五章。

㊶ 表2.1及表2.2中的「無論」一詞，並不排除形式上的法律與現實中的法律之間的因果關係，僅表明它們之間的因果關係並非絕對必要。當然，現實中的法律往往是形式上的法律的結果，並不總是或必然依循這種模式產生。

Chapter 3　個人主義的發明

① 參見Jensen, *Making of International Human Rights*.

② Cf., Menke and Pollmann, *Philosophie der Menschenrechte*, 98.

③ 參見UDCD, preamb. paras. 1–2; art. 4. Cf. critically, Manent, *La loi naturelle*, 2–8（將這種矛盾與普遍性概念在使用上的不一致做連結）。

④ 自現代社會學在十九世紀奠基以來，這種轉變一直是該領域的主要課題之一。參見Tönnies,

Gemeinschaft und Gesellschaft.

⑤參見UN- CEDW and UN- CRC, "Joint General Recommendation No. 31"（譴責以文化及社群傳統的名義所進行的迫害，例如普遍性歧視婦女，尤其是以切割女性生殖器官、童婚或強迫婚姻、一夫多妻制、名譽犯罪等來迫害少女）。

⑥《獨立國家原住民與部落人民公約》（ITP公約）於一九八九年由國際勞工組織大會通過。

⑦《獨立國家原住民與部落人民公約》第一條。

⑧《獨立國家原住民與部落人民公約》第三條。

⑨Cf. Heinze, review of *La question des peuples sutochtones*, by I. Schulte- Tenckhoff.

⑩參見Bruun-Solbakk and Stubberud, "Sápmi Pride."

⑪參見UN- CEDW and UN- CRC, "Joint General Recommendation No. 31."

⑫概論參見Davies, Europe, 213–468.

⑬參見Davies, *Europe*, 469–575; Edney, *Cartography*. 關於國家地位的現代法律概念，參見Crawford, *Creation of States*.

⑭譯自霍布斯的拉丁文自傳"Tomae Hobbes Malmesburiensis," lxxxvi.

⑮參見Martinich, *Two Gods of Leviathan*, 362–368.

⑯Hobbes, *Leviathan*, chs. 13–14, 100–116.

⑰ Hobbes, ch. 14, 106.

⑱ Hobbes, ch. 13, 102.

⑲ Hobbes, ch. 13, 104.

⑳ Hobbes, ch. 13, 103.

㉑ Hobbes, ch. 18, 141–150. 霍布斯認為生命權（right to life，霍布斯，第十四章，一〇八頁）被以某種形式保留了下來，但考量到，根據定義，絕對主權不會對任何個人或機構做回應，其效力仍值得懷疑。

㉒ 參見Hobbes, ch. 21, 171–182. 在這方面，霍布斯實際上並沒有脫離許多標準的中世紀及文藝復興時期的思想，並被納入流行詩集《保安官的鏡子》（*The Mirror for Magistrates*）的傳統之中。參見Erasmus, *Education of a Christian Prince*.

㉓ 參見Strauss, "Hobbes' politische Wissenschaft," 150; Menke, *Kritik der Rechte*, 22–29.

㉔ 關於人權作為當代國家合法性的標準，參見Menke and Pollmann, *Philosophie der Menschenrechte*, 103.

㉕ Hobbes, *Leviathan*, ch. 6, 43.

㉖ 參見Lloyd, *Bloomsbury Companion to Hobbes*; Martinich and Hoekstra, *Oxford Handbook of Hobbes*; Sorell, *Cambridge Companion to Hobbes*.

㉗參見 Waldron, "Hobbes and the Principle of Publicity."

㉘參見 Schmitt, *Der Leviathan* (approvingly); Agamben, *Homo Sacer* (admonishingly); Agamben, *State of Exception* (admonishingly).

㉙馬特爾，《顛覆利維坦》（*Subverting the Leviathan*）。這種「顛覆性」解讀當然不乏優秀前例，例如盧梭也以同樣的方式解讀馬基維利。*Du Contrat Social* III:6, in Rousseau, *Oeuvres Complètes* (vol. 3), 409.

㉚Cf. Rawls's notion of a "decent hierarchical society." Rawls, *Law of Peoples*, 71–78.

㉛參見 UN- HRC (USA), Concluding observations; UN- CEDW (India), Concluding observations; UN- CRC (Brazil), Concluding observations.

㉜但也參見 Descartes, *Les passions de l'*âme, 691–802. 也可參見 Guenancia, *Descartes et l'ordre politique*; Kolesnik- Antoine, *Descartes*.

㉝Descartes, *Discours de la méthode*, 128, 130–131, and passim.

㉞Descartes, *Méditations* [Première], 267–273.

㉟Descartes, *Méditations* [Deuxième], 274–283.

㊱Mill, *On Liberty*, ch. 2, 20–61.

㊲參見 Kant, *Grundlegung*; Kant, *Kritik*; Kant, *Die Metaphysik der Sitten*.

㊳參見Heinze, “Democracy, Ontology.”

㊴參見Heinze, “The Myth of Flexible Universality.”

㊵Locke, *Second Treatise*, chs. 11–13 (paras. 134–158), 66–81.

㊶《獨立宣言》前言。

㊷Locke, *Second Treatise,* chs. 11–12 (paras. 134–148), 66–74.

㊸在國際法中出現了更專業的詞彙，包括「強制規範」（peremptory norms）、「強制法」（jus cogens）及「普世義務」（obligations erga omnes）等概念。參見ILC, Second Report; Orakhelashvili, *Peremptory Norms*.

㊹參見UN- HRC, General Comment 24; UN- HRC, General Comment 29; UN- HRC, General Comment 31.

㊺參見Marx, “Zur Judenfrage”; Marx, “Kritik des Gothaer Programms.” 然而，在這些著作中，馬克思絕未質疑許多人權背後的價值觀（參見Heinze, “Karl Marx’s Theory”），造成各方長年來對於「馬克思主義與人權是否兼容」爭論不休。參見O’Byrne, “Marxism and Human Rights.”

㊻Locke, *Second Treatise*, ch. 5 (paras. 41–44), 22–24. 重要評估參見Uzgalis, “John Locke, Racism.”

㊼一些讀者質疑洛克與個人主義之間的關聯，轉而強調他的（實際上是早期自由主義的）基督教根源。洛克似乎擔心，將個人定為倫理的基礎，將意味著個人「除了自己的意志之外沒有

法律，除了自身之外沒有目的。他將成為自己的神，而滿足自己的意志將成為他所有行動唯一的衡量標準與目的。」參見 an unpublished note from ca. 1693 (Bodleian MS Locke c. 28, fo. 141)。亦可參見 Waldron, *God, Locke*。但這種詮釋也招致批評。參見 Andrew, "Reviewed Work"; Nuovo, review of *God, Locke and Equality*, by Jeremy Waldron; Stolzenberg and Yaffe, "Waldron's Locke."約翰·鄧恩同樣挑戰了主流的「世俗—自由主義」與馬克思主義對洛克的解讀，同時也強調了他的神學基礎。參見 Dunn, Political *Thought of John Locke*。儘管如此，今天除了從根本上將之解釋為個人主義之外，沒有其他真正可行的方式能詮釋洛克所定義的高階權利。

㊽參見 Habermas, *Theorie*.

㊾DDHC, art. 1.

㊿參見 Hegel, *Phänomenologie des Geistes*, 430–440.

51 參見 Hegel, *Phänomenologie des Geistes*, 423–430, 440–452.

52 參見 Hegel, *Grundlinien* §§142–181, §§257–320, and §§ 291–306, 397–489.

53 參見 Marx, *Zur Kritik*; Popper, *Open Society*.

54 參見 Beiser, *Hegel*, 224–258.

55 Kant, *Zum ewigen Frieden*; Kant, *Metaphysik der Sitten*.

56 關於不同類型的民主國家及表現最佳的民主的概念，參見第五章。

57 Marx, "Zur Judenfrage."

58 參見Brown, "The Most"; Douzinas, *End of Human Rights*; Douzinas, *Human Rights and Empire*; Marks, "Human Rights and Root Causes"; Mutua, *Human Rights*.

59 Heidegger, *Über den Humanismus*, 12–16, 51. 海德格與當年其他重要人物，同樣奉行反猶太主義並效忠於納粹主義，這讓他對人道主義及現代性的批評備受爭論。這個命運與其他反猶太主義者或親法西斯的現代主義者沒什麼不同。參見Homolka and Heidegger, *Heidegger und der Antisemitismus*; Trawny, *Heidegger und der Mythos*.

60 參見Heidegger, Über *den Humanismus*; Heidegger, "Zeit des Weltbildes." 比較沙特的強烈個人主義。Sartre, *L'Être et le Néant*, 487–692; Sartre, *L'Existentialisme est un humanisme*. 也可參見Merleau- Ponty, *Phénoménologie*, 345–468, 496–520.

61 Heinze, "Democracy, Ontology."

62 American Anthropological Association, "Statement," 542.

63 在試圖釐清人類的獨特之處時，亞里斯多德遵循了同樣的道路。他最終發現的是人類的邏輯（logos）能力，原文"logos"在古希臘文中不僅是理性，也有言語之意。邏輯是私密的、沉思性的，但也是溝通性的，承載更多公開分享想法的意涵。對亞里斯多德而言，人類之所以與眾不同，不僅是因為擁有理性，也因為擁有溝通能力。*Nicomachean Ethics* 1.7.1097b32–1098a8,

in Aristotle, *Complete Works*, 1735.

⑭ American Anthropological Association, "Statement," 542. 最近的聲明可參見American Anthropological Association, "Declaration." 相關評論請見Heinze, "The Myth of Flexible Universality,"

⑮ 1n99. 65. See critically, Manent, *La loi naturelle,* 3; Menke and Pollmann, *Philosophie der Menschenrechte*, 76–77.

⑯ 參見Hitler, *Mein Kampf*, 346, 421, 479（將人類平等的相關規範，貶為對西方文明的腐敗「做辯護」）。

⑰ 參見Russian Constitution 1918, article 1; USSR Constitution 1936, chapter 10.

⑱ 參見UN- CEDW and UN- CRC, "Joint General Recommendation No. 31."

⑲ 參見Kim, "Confucianism, Moral Equality," 149–152. Cf. An- Na'im, "Compatibility Dialectic"; Baderin, "Human Rights and Islamic Law"; Saeed, *Human Rights and Islam*, 1–7.

⑳ An- Na'im, "Islam and Human Rights," 95.

㉑ An- Na'im, 95–96.

㉒ An- Na'im, 96. 安納姆在提到主要宗教的傳統神學時，比較侷限於亞伯拉罕一神教，這一點有點尷尬，但其基本觀點是正確的。

㉓ UNESCO, "Human Rights," 1 (original emphasis).

⑭UNESCO, "Human Rights," 1 (emphasis added).

⑮Dred Scott v. Sandford, 60 U.S. (19 How.) 393 (1857).

⑯Bradwell v. State of Illinois, 83 U.S. (16 Wall.) 130 (1873).

⑰Plessy v. Ferguson, 163 U.S. 537 (1896). 也可參見Douglas, *Jim Crow Moves North*; Foner, *Second Founding*; Higginbotham, *Ghosts of Jim Crow*; Klarman, *From Jim Crow*.

⑱Lochner v. New York, 198 U.S. 45 (1905).

⑲198 U.S. 45 at 53.

⑳198 U.S. 45 at 52–53. 也可參見Balkin, " 'Wrong the Day." 此案持續引發爭論。參見伯恩斯坦（Bernstein）的*Rehabilitating Lochner*; Kens, "History and Implications of Lochner v. New York." 例如，伯恩斯坦認為州議會受到支持的部分原因，是為了遏制雇用移工的烘焙業者的競爭。Bernstein, *Rehabilitating Lochner*, 23.

㉑Walker, "Frederick Douglass."

㉒參見Jones, "The US Suffragette Movement."

㉓參見Douglass, "What to the Slave Is the Fourth of July."

㉔Anthony, "On Women's Right."

㉕參見Douzinas, *End of Human Rights*; Douzinas, *Human Rights and Empire*.

㊱ 參見 Wolton, *Le Négationnisme*.

Chapter 4 走向全球

① Hohfeld, “Some Fundamental Legal Conceptions,” 30 (original emphasis), citing *Lonas v. State*, 3 Heisk. (Tennessee), 287 (1871), 306–307. Cf. Kelsen, *Reine Rechtslehre*, 131.

② 參見 “Wesley Newcomb Hohfeld.”

③ Hohfeld, “Some Fundamental Legal Conceptions,” 30.

④ 參見 Prott, *Politics of Self- Determination*.

⑤ Olechowski, *Hans Kelsen*.

⑥ 參見 Austin, *Province of Jurisprudence Determined*. 法律實證主義（legal positivism）最早由英國功利主義者所提倡，並從後啟蒙運動中獲得了進一步的動力，將法律規範與程序系統化。例如在歐洲大陸，拿破崙式的法典開始為原本支離破碎的法律系統塑造出一個井然有序的框架。參見 Goyard- Fabre, *Les fondements*, 109–162.

⑦ 韋斯利．霍菲爾德，“Some Fundamental Legal Conceptions,” 30–31, 43. 凱爾森直到其著作的第二版中才完整解釋了這個想法（Kelsen, *Reine Rechtslehre*, 131），而霍菲爾德在一九一三年就解決了這個問題。

⑧參見Donnelly and Whelan, *International Human Rights*, 49–69; Kühnhardt, *Die Universalität*, 174–278.

⑨參見Donnelly and Whelan, *International Human Rights*, 27, 33–35.

⑩在當代國際人權法中，國家以外的實體也可以承擔尊重人權的義務。參見Bantekas and Oette, *International Human Rights Law*, 761–804。換言之，唯有當國家對X負起相應的法律義務時，X才擁有人權，儘管其他實體也能對X負起這種義務。原則上，我正在開發的模型，同樣適用於非國家的管理機構，例如臨時及過渡性的機構。然而，在實踐中，這些機構監督的通常是局勢動盪的地區，那裡的政治爭端及日常危機可能使人權難以落實。其他非國家行為者，包括私人及公司。在理想情況下，如果某個私人行為者侵犯了我的人權，那麼國家就有義務提供補救，通常是透過普通刑法、控告民事侵權、合約等法律領域的手段，若國家不做出這類因應，就屬違法。當然，腐敗或衰弱的國家往往無法做到這一點，但這與無法對國家的違法行為做出回應，沒什麼不同。「人權對第三方的適用性」的原則仍在持續發展。此外，如今跨國企業對個別國家而言更難以監管，個別國家可能出於經濟理由而缺乏監管跨國企業的動力。參見EC, "Tackling Illegal Content." 我將在第六章簡要地回顧這個問題，但我在本書中聚焦於國家。

⑪參見Heller, *Sovereignty*. 關於國際法歷史的批判性討論，參見Fassbender and Peters, *Oxford Handbook*.

⑫參見Orakhelashvili, *Akehurst's Modern Introduction*, 6–8.

⑬全面性年度報告參見Economist Intelligence Unit, *Democracy Index* (annual); Reporters Without Borders, *World Press Freedom Index* (annual); Transparency International, *Corruption Perceptions Index* (annual). 更新內容參見Amnesty International, Human Rights Watch, Article 19, Index on Censorship, and Freedom House.

⑭參見Freedman, *United Nations Human Rights Council.*

⑮關於二次大戰後推動國際承認人權的政治與社會因素，看法各異。參見Jensen, *Making of International Human Rights*; Moyn, *Last Utopia*, 120–175.

⑯參見Aust, *Modern Treaty Law*; Gardiner, *Treaty Interpretation.*

⑰參見Cranston, *What Are Human Rights?*, 65–69. 關於該觀點的最新闡述，參見Rhodes, *Debasement of Human Rights*. 約翰・羅爾斯（John Rawls）也認同一份僅列入被認為對維護國際秩序至關重要的權利的短小名單。Rawls, *Law of Peoples,* 78–81.

⑱參見Schrijver, "Fifty Years."

⑲參見Bantekas and Oette, *International Human Rights Law*, 192–338; de Schutter, *International Human Rights Law,* 935–1040; Rehman, *International Human Rights Law*, 84–351. 非洲聯盟（African Union）的原名為「非洲國家組織」（Organization of African States）。

⑳一個有爭議的例外是《非洲人權和人民權利憲章》（African Charter on Human and Peoples' Rights），該憲章重新導入了個人對家庭及社群的義務的概念，並強調了受某些人質疑的集體權利。ACHPR arts. 19–26, 27(1). 非洲聯盟的原名為「非洲國家組織」。

㉑如同其他大多數《兒童權利公約》所明定的權利，第十四條與第十五條並不擴大也不排除父母或監護人的參與。我們還見證了自一九四八年以來，人權在多邊協議以外的來源中擴展。例如，一九九〇年的聯合國大會決議，確定了一個在一九四八年鮮少有人討論的問題：「所有人均有權在適合其健康與福祉的環境中生活。」NEHE, preamb. para. 1.

㉒參見Cole, "Effects of Human Rights"; Koob, Jørgensen, and Sano, "Human Rights and Economic Growth."

㉓參見Kinzelbach, "China's Rise."

㉔參見63–64.

㉕參見PPCG.

㉖根據第三條：「下列行為應予懲治：a滅絕種族；b預謀滅絕種族；c直接公然煽動滅絕種族；d意圖滅絕種族；e共謀滅絕種族。」欲了解更多背景與評論，參見Gaeta, *UN Genocode Convention;* Irvin-Erickson, *Raphael Lemkin and the Concept of Genocide*。

㉗參見ILC, Second Report, para. 46, 25–26.

㉘ Posner, *Twilight of Human Rights Law*, 7.

㉙ Shelton, *review of Twilight*, by Eric Posner, 229.

㉚ Shelton, 229.

㉛ 關於對現行國際體制的全面性辯護，參見Sikkink, *Evidence for Hope*.

㉜ 見本章註⑰。也可參見Berlin, *Four Essays*, 122–131. 十九世紀後期，竊聽等技術的進步，引發對政府以新手段侵入個人領域的擔憂。路易斯・布蘭迪（Louis Brandeis）開始提倡一種在啟蒙時代的所有個人權利憲章中均未出現的隱私權，稱其為「獨處的權利」。Olmstead v. United States, 277 U.S. 438, 478 (1928) (Brandeis, J., dissenting). 也可參見Warren and Brandeis, “Right to Privacy.” 從此，「獨處的權利」的概念被用於更廣泛地指涉一種保障個人自由的「消極權利」或「不干涉權利」。

㉝ 參見Applebaum, *Red Famine*; Dikötter, Mao’s Great Famine; Dolot, Execution by Hunger.

㉞ 參見Hutton, Haller, and Bartram, “Global Cost- Benefit.”

㉟ 參見e.g, Feygin, “Chernobyl Shows How.”

㊱ 參見AccessNow, *Fighting Misinformation*; Cooper, “Chinese State Censorship.”

㊲ 參見Donnelly and Whelan, *International Human Rights*, 32.

㊳《經濟社會文化權利國際公約》第二條。

㊴關於團結權（solidarity rights）的討論，參見Alston, "Third Generation"; Donnelly, "In Search of the Unicorn"; Padilla, "Intergenerational Equity." 團結權與個人權利在某種程度上有重疊，儘管它們具有集體性質。例如，歐洲人權法院將「個人的生命權」與「和平地享受家庭與財產的權利」，詮釋為成員國有義務保護公民免受危險或污染物質的侵害。Pedersen, "European Court"; San José, *Environmental Protection.* 從這個意義上來說，個人權利可以被解釋為包含集體的福祉。即便如此，有些人會爭辯，個人權利不能完全滿足團結權的要求，而且無論如何，諸如氣候變遷與全球流行疾病等問題，已經讓純粹的國家解決方案變得徒勞。依照這種觀點，集體自我保護的必要性，肯定會吸引我們從全球貿易中獲益，但也會衍生出集體及公平分配的預防性及補償上的負擔。

㊵參見UN- ESC (Norway), *Concluding observations*; Blom, *Armoede in Nederland.*

㊶VDPA, para. 5. 進一步討論參見Donnelly and Whelan, *International Human Rights*, 73–87; Gilabert, "Importance of Linkage"; Nickel, "Rethinking Indivisibility"; Nickel, "Indivisibility and Linkage Arguments"; Whelan, *Indivisible Human Rights*.

㊷Nickel, "Rethinking Indivisibility," 985.

㊸UN- ESC (Mali) para. 12, 3.

Chapter 5　最高人權

①參見UN- ESC (Norway), Concluding observations.

②Hohfeld, “Some Fundamental Legal Conceptions,” 32. 此後，許多作者採用「索求權」（claim right）的概念來定義「權利」的具體法律意涵。參見Finnis, *Natural Law*, 199.

③Kelsen, *Reine Rechtslehre*, 132.

④Feinberg, “Nature and Value,” 150.

⑤Feinberg, 150.

⑥Feinberg, 150. Cf. 參見Menke, *Kritik der Rechte*, 56（主張合法權利是「實現索求的索求」。）

⑦反對意見引自讀者對本章草稿匿名發表的評論（作者存檔）。

⑧參見Wittgenstein, *Philosophische Untersuchungen*, 239–257.

⑨在美國最高法院支持「焚燒國旗」作為受法律保護的言論的案件中，即使持異議的法官，也沒有質疑抗議活動的溝通性質。參見Texas v. Johnson, 491 U.S. 397 (1989).

⑩參見Ekeli, “Democratic Legitimacy”; Ekeli, “Toleration, Respect for Persons.”

⑪Kant, “Über den Gemeinspruch,” 161. 另見傅柯（Foucault）對古代雅典未具人權概念的社會中的言論自由（parrhēsia）的分析。Foucault, *Le gouvernement*.

⑫為了精準起見，我使用「在安全且穩固的公開表達範圍內」而不是「透過言論自由的人權」來避免造成惡性循環。畢竟有人可能會納悶：如果要先有言論自由才會有人權，怎麼會有保障言論自由的人權？但這種惡性循環是沒道理的。我將「言論自由」奉為權利存在的必要條件，因為我沒有從言論自由權中推導出其他權利。在公共領域裡的言論自由，也沒有用盡言論自由權的範圍。有些言論極少進入個人對人權的追求中，但仍值得與其他人權一起受到保護。我列為必要條件且提倡的言論自由，並沒有抹殺《世界人權宣言》、《公民與政治權利國際公約》、《歐洲人權公約》內較傳統的言論自由權利。參見Heinze, *Hate Speech*, 84-86。再補充一點，如何描述一項權利保障哪些內容，也是長年來備受爭論的問題。有些作者提倡「利益論」（interest theory），認為權利的功用是保護權利人的某些利益。其他人則信奉「意志論」（will theory），也就是個人能透過提出索求，積極控制義務的肩負者。在反對國家的高階權利的脈絡下，這兩種理論都預設了對權利的索求是可以提出的，但兩者通常都沒有連結到任何保障廣泛的索求範圍的強制性公共對話領域。那麼就人權而言，利益論與意志論都預設了義務原則，但兩種理論的擁護者都忽視了論述原則。

⑬Sen, "Freedom Favors Development," 26.

⑭參見Langlois, "Human Rights without Democracy"; McGinnis, "Democracy."

⑮可能有人會主張「表達自由」與「結社自由」（free association）均屬必要，因為若沒有聽眾，

索求就不會有任何意義。但這就是為什麼我不抽象地討論言論自由，而是針對在開放的公共領域發言以便與他人交談的機會。畢竟，結社自由保障的是關係，例如純粹的私人接觸，這不一定會構成公開追求權利的一部分。論述原則透過了預設進入公共領域，需要充分接觸現場或線上觀眾，以便對政府進行全面且有效的公開審查。至於與公開追求權利無關的結社自由，本身仍是與其他所有權利一樣的權利，但並不是言論自由不可欠缺的基礎。感謝史蒂芬・帕門蒂爾（Stephan Parmentier）提出了這個問題。

⑯雖然言論自由被我列為人權的必要條件，但一旦這個系統建立後，我就不會對系統內的不可分性或非從屬性的問題，採取進一步的立場。無論一個人選擇哪個語料庫，論述原則仍然是強制性的。推而廣之，我並沒有如一些人所提議的，進一步將權利做等級之分。參見Quintavalla and Heine, "Priorities and Human Rights."

⑰Finnis, *Natural Law*, 199–205. 約翰・芬尼斯將表達自由排除在他所謂的「人類福祉的基本形式」之外（59–80）。最廣義的解讀中，最好的猜測是他的圖式中的「表達自由」扮演著純粹的工具角色，唯有在促進它所包含的一種或多種人類福祉時才有價值。其中最明顯的是知識（59–80），然而，對於把追求知識或其他任何福祉當作權利的目標，並沒有充分決定必要的話語條件。芬尼斯默默否定亞里斯多德的邏輯（logos）概念，因為邏輯概念認為，構成人類與生俱來的理性的是邏輯（logos），而未將之歸結於知識（epistēmē）。參見*Nicomachean Ethics*

1.7.1097b32–1098a8, in Aristotle, *Complete Works*, 1735.

⑱如同大多數在古典自由主義脈絡中廣泛寫作的觀察家，詹姆斯・格里芬當然也賦予「表達自由」較高的地位，但不是基礎地位。參見Griffin, *On Human Rights*, 159, 193.

⑲Donnelly and Whelan, *International Human Rights*, 26.

⑳Nickel, *Making Sense.*

㉑參見Beitz, *Idea of Human Rights*, 102–106（將此方法與其他方法進行比較。）

㉒參見Kelsen, Vom Wesen, 8–9.

㉓Franck, "The Emerging Right." See also Steiner, "Political Participation."

㉔參見Dworkin, "Foreword"; Habermas, *Theorie*; Heinze, *Hate Speech*, 43–55, 94–99; Post, *Constitutional Domains*; Post, "Hate Speech"; and Post, "Participatory Democracy"; Weinstein, "Hate Speech Bans." 傑里米・沃爾德倫（Jeremy Waldron）確實以相當大的力度挑戰了此一觀點。參見Waldron, "Hate Speech and Political Legitimacy"; Waldron, "Conditions of Legitimacy." 然而，沃爾德倫未能對政治合法性提出充分的解釋。參見Heinze, "Taking Legitimacy Seriously"; Weinstein, "Hate Speech Bans and Political Legitimacy." 關於言論自由如何構成民主的不同觀點，參見Tourkochoriti, *Freedom of Expression*. 對我的觀點的一種反對，可能會喚起人們對「學者統治」（epistemocracy）的展望，也就是需要先接受國家對公民知識的審查，才能獲得投票權的

體制。這樣的社會在任何當前的意義上，都不會是民主的，但這種體制裡也可能有言論自由。假設這並不是一項特別的權利，即使是無法獲得投票權的人，仍然可以享有全面性的言論自由權。然而，正是投票權的限制，推翻了這種制度下也有言論自由的看法。公共對話中的言論自由，不應僅侷限於下層公民懇求上層階級傾聽的可能性。言論自由造就民主，因為它造就了民主公民，其中必須包含了憲法保障公民在公民平等的基礎上，參與有效變革的特權。非常感謝克里斯蒂安・斯卡根・埃克利對此與其他相關要點進行的挑釁性討論。

㉕參見Dalton, Shin, and Jou, "Popular Conceptions."

㉖儘管《理想國》中的審查制度是惡名昭彰的嚴厲，但在《克里托篇》（*Crito*）中，柏拉圖一再強調，言論自由是民主制度的部分基礎。參見Heinze, "The Constitution of the Constitution." Cf. Foucault, *Le gouvernement*。但我們該如何解釋對蘇格拉底的審判與死刑？對蘇格拉底的三項指控都涉及言論罪：荼毒青年、不敬拜雅典眾神、試圖引進新的神祇。（*Apology* 24b, in Plato, *Complete Works*, 23.）這些指控在雅典法律中都沒有嚴正的依據或先例。如今，這起起訴被廣泛理解為對蘇格拉底的報復，因為蘇格拉底鼓勵年輕人，尤其是上層階級的年輕人，挑戰民主規範，但此行為被某些公民視為促使斯巴達在摧毀了雅典的伯羅奔尼撒戰爭中獲勝的因素。然而，也有許多人反對這場審判與判決，而且陪審團可能未能反映代表性的人口結構。參見Brickhouse and Smith, *Plato and the Trial*, 85–97.

㉗參見UN- HRC (Nigeria), paras. 19–20; UN- HRC (Tunisia), para. 19; UN- HRC (Uzbekistan), para. 10. 關於LGBTQ+權源自可上溯至《世界人權宣言》的早期人權法，參見Heinze, *Sexual Orientation*. 關於LGBTQ+權做為個人自由的前導，參見Heinze, “Sexual Orientation and International Law”; Heinze, “Global Libertarianism.”

㉘參見第四章註⑬。那些比較強調社會與經濟進步的研究的主旨，並不是聚焦於民主文化或制度，而是提供可用的比較指標。參見Social Progress Imperative, *Social Progress Index* (annual).

㉙參見e.g, Human Rights Watch, “Russia.” 一般引用的來源參見第四章註⑬。

㉚Hannum, review of Twilight, by Eric Posner.

㉛Posner, *Twilight of Human Rights Law*, 144–145. Cf. Shelton, review of *Twilight*, by Eric Posner, 228.

㉜Brown, “The Most,” 457.

㉝Brown, 457.

㉞參見Blom, *Armoede in Nederland.*

Chapter 6　所有意見都算數？

①Reporters Without Borders, *World Press Freedom Index*。有些人可能會認為，所有言論自由權受到侵犯的人，只需要起訴他們的地方政府，即可行使受美國第一修正案保障的權利，但事情並

沒有這麼簡單。例如，在街頭抗議的個案中，可能缺乏證明抗議者採取和平行動的證據，或者可能遭到逮捕他們的警官斷然否認，而警官往往比較受到法院的青睞。這個教訓很清楚：權利實際上僅存在於實踐中，而不僅只在書面上，即使這書面是由美國最高法院之類的機構所發布的。

② 參見Heinze, *Hate Speech*, 40–43.

③《人權和公民權宣言》（DDHC）第四條。

④ Mill, *On Liberty*, ch. 1, 14.

⑤ 參見Heinze, “Victimless Crimes.”

⑥ 參見Hare and Weinstein, *Extreme Speech*.

⑦ 參見Cohen- Almagor, “J. S. Mill’s Boundaries”; Ward and Mcglyn, “Would John Stuart Mill.”

⑧ 不出所料，曾有根據古典自由主義原則，來支持與反對禁令的詳細論爭。參見Heinze, *Hate Speech*, 59–66, 88–99. 彌爾提出了其他古典自由主義論點，例如透過多元的觀點充實知識與辯論，但如今少有作家認為純粹的侮辱能真正促進這些價值。

⑨ 參見e,g., UN- HRC, Communication No. 1932/2010.

⑩ 參見Heinze, *Hate Speech,* 19–22; Weinstein, “An Overview,” 82–83, 86–87, 91.

⑪ 參見Heinze, “Viewpoint Absolutism”; Heinze, *Hate Speech*, 77, 81, 82, 95; Heinze, “Taking

Legitimacy Seriously."

⑫我要感謝提出這個假說的匿名審稿人。

⑬參見Sim, "The Singapore Chill."

⑭參見New York Times Co. v. Sullivan, 376 U.S. 254 (1964); Gertz v. Robert Welch, Inc., 418 U.S. 323 (1974); Dun & Bradstreet, Inc. v. Greenmoss Builders, Inc., 472 U.S. 749 (1985).

⑮這個詞在很大程度上譯出了于爾根・哈伯瑪斯（Jürgen Habermas）的Öffentlichkeit概念，該概念於一九六二年被首次介紹給廣大讀者。參見Habermas, *Strukturwandel der* Öffentlichkeit. Habermas, *Theorie*; Post, *Constitutional Domains*.

⑯State v. Chaplinsky, 91 N.H. 310, 313 (1941).

⑰91 N.H. at 312.

⑱91 N.H. at 312.

⑲91 N.H. at 320.

⑳Chaplinsky v. New Hampshire, 315 U.S. 568, 573 (1942).

㉑參見Holder v. Humanitarian Law Project, 561 U.S. 1, 40–62 (2010) (Breyer, J., dissenting).

㉒參見Roth v. United States, 354 U.S. 476, 482 (1957).

㉓參見Abrams v. United States, 250 U.S. 616, 624 (1919) (Holmes, J., dissenting); Gitlow v. New

York, 268 U.S. 652, 673 (1925) (Holmes, J., dissenting, joined by Brandeis, J., dissenting); Whitney v. California, 274 U.S. 357, 372 (1927) (Brandeis, J., concurring).

㉔Brandenburg v. Ohio, 395 U.S. 444 (1969); Matal v. Tam, 582 U.S. ____; 137 S. Ct. 1744 (2017).

㉕另請注意，即使是完全成熟的公共論壇，也不會容許絕對的自由，還是可能針對避免阻礙人們的行動自由、避免深夜在住宅區過度喧鬧等目的，而施加合法限制。關於這類「時間、舉止及地點」的限制，以及各種類型的公共或「準公共」言論自由論壇，參見Nowak and Rotunda, *Constitutional Law*, 1447–1475.

㉖Feiner v. New York, 240 U.S. 315 (1951).

㉗240 U.S. at 321–322 (Black, J., dissenting).

㉘240 U.S. at 325.

㉙UN- HRC, Communication No. 1773/2008, para 2.10.

㉚Feiner v. New York, 240 U.S. at 325–326.

㉛240 U.S. at 326–327 (Black, J., dissenting).

㉜240 U.S. at 331 (Douglas, J., dissenting).

㉝240 U.S. at 331 (Douglas, J., dissenting).

㉞ICCPR art. 4; cf. ECHR art. 15. Under ICCPR art. 4(2) and ECHR art. 15(2), 不允許克減某些權利，

例如免受酷刑或殘忍、不人道或有辱人格的待遇。參見UN- HRC, General Comment 29.

㉟ Cohen v. California, 405 U.S. 15 (1971).

㊱ 405 U.S. at 20. 最高法院還援引先例指出，帶有 'Fuck' 這個字，並不足以使這句話觸犯猥褻法。

㊲ 405 U.S. at 27 (Blackmun, J., dissenting).

㊳ "Putin Denounces Opponents."

㊴ 405 U.S. at 25. Cf. Heinze, *Hate Speech*, 162–165.

㊵ 405 U.S. at 25–26. Cf. Heinze, "Taking Legitimacy Seriously."

㊶ 參見Stewart, "'We Are Committing Educational Malpractice.' "

㊷ 參見generally, Belavusau and Gliszczy ska- Grabias, *Law and Memory*.

㊸ Plattform "Ärtze für das Leben" v. Austria, judgment of June 21, 1988, Eur. Ct. H. R. Ser. A, No. 139, para. 34.

㊹ Eur. Ct. H. R. Ser. A, No. 139, at para. 32.

㊺ Brandenburg v. Ohio, 395 U.S. 444 (1969). Cf. Abrams v. U.S., 250 U.S. 616, 624 (Holmes, J., dissenting); Gitlow v. New York, 268 U.S. 652, 672 (1925) (Holmes, J., dissenting); Whitney v. California, 274 U.S. 357, 372 (1927) (Brandeis, J., dissenting); Dennis v. U.S., 341 U.S. 494, 579 (1951) (Black, J., dissenting) and at 581 (Douglas, J., dissenting); Beauharnais v. Illinois, 343 U.S.

250, 267 (1952) (Black, J., dissenting), at 277 (Reed, J., dissenting), at 284 (Douglas, J., dissenting), and at 287 (Jackson, J., dissenting).

㊻395 U.S. at 443–444.

㊼參見Berwick and Kinosian, "Venezuela."

㊽《公民與政治權利國際公約》（ICCPR）第二十條。

㊾《消除一切形式種族歧視國際公約》（ICERD）第四條。

㊿關於這些與相關論點，參見Delgado and Stefancic, *Must We Defend Nazis?*; Delgado and Stefancic, *Understanding Words That Wound;* Heyman, "Hate Speech"; Waldron, *The Harm in Hate Speech*; Langton, "Speech Acts"; Matsuda et al., *Words That Wound.*

51 參見Wisconsin v. Mitchell, 508 U.S. 476 (1993).

52 Heinze, *Hate Speech*. See also, Dworkin, "Foreword"; Fronza, *Memory and Punishment*; Post, *Constitutional Domains*; Strossen, *HATE*; Weinstein, "Hate Speech Bans."

53 Heinze, *Hate Speech*, 111–112 (criticizing Waldron).

54 Heinze, 111–116, 129–137. 關於對德國主流立場的辯護，參見Thiel, *Wehrhafte Demokratie*. 關於支持與批評的論點，參見Leggewie and Meier, *Verbot der NPD*.

55 Heinze, 69–78.

56 進一步分析參見Block and Riesewieck, Cleaners; Denardis, *Internet in Everything*; Kaye, *Speech Police*.

57 Denham, "These Are the Platforms."

58 關於私人社群媒體公司對極端言論的區域性反應，參見EC, "Tackling Illegal Content."

59 "'Transphobe' Julie Bindel."

參考文獻

主要文書

ACHPR [African Charter on Human and Peoples' Rights]. June 27, 1981. OAU Doc. CAB/ LEG/67/3 rev. 5, 21 I.L.M. 58 (1982), entered into force Oct. 21, 1986.

CEDAW [Convention on the Elimination of all Forms of Discrimination Against Women]. Dec. 21, 1979, 1249 U.N.T.S. 13 (entered into force, Sept. 3, 1981).

CRC [Convention on the Rights of the Child]. Nov. 20, 1989. 1577 U.N.T.S. 3, entered into force Sept. 2, 1990.

DDHC [*Déclaration des Droits de l'Homme et du Citoyen*] (1789). French National Assembly, Con- seil constitutionnel. https://www.conseil-constitutionnel.fr/le-bloc-de-constitutionnalite/declar ation-des-droits-de-l-homme-et-du-citoyen-de-1789 (accessed June 1, 2021). Official translation of the Conseil Constitutionnel. https://www.conseil-constitutionnel.fr/en/declaration-of-human-and-civic-rights-of-26-august-1789 (accessed June 1, 2021). DI [Declaration of Independence]. (United States, 1776).

ECHR [European Convention for the Protection of Human Rights and Fundamental Freedoms] (as amended by Protocols Nos. 11 and 14 and supplemented by Protocols Nos. 1, 4, 6, 7, 12, 13 and 16). Nov. 4, 1950. ETS 5.

ICCPR [International Covenant on Civil and Political Rights]. Dec. 19, 1966. 999 U.N.T.S. 171 (entered into force Mar. 23, 1976).

ICERD [International Convention on the Elimination of All Forms of Racial Discrimination]. Dec. 21, 1965. 660 U.N.T.S. 195 (entered into force Apr. 1, 1969).

ICESCR [International Covenant on Economic, Social and Cultural Rights]. Dec. 16, 1966. 993 U.N.T.S. 3 (entered into force Jan. 3, 1976).

ITP [Convention concerning Indigenous and Tribal Peoples in Independent Countries] (ILO No. 169). 72 ILO Official Bull. 59 (entered into force Sept. 5, 1991).

NEHE [The Need to Ensure a Healthy Environment for the Well-Being of Individuals]. UN G.A. Res. 45/94, U.N. GAOR, 45th Sess., Supp. No. 49A, at 178. UN Doc. A/45/40 (1990).

PPCG [Convention on the Prevention and Punishment of the Crime of Genocide (Genocide Convention)]. Dec. 9, 1948. 78 U.N.T.S. 277 (entered into force Jan. 12, 1951).

Russian Constitution 1918 [Constitution (Basic Law) of the Russian Socialist Federated Soviet Republic] (1918).

UDCD [Universal Declaration on Cultural Diversity], adopted by the General Conference of the United Nations Educational, Scientific and Cultural Organization, Nov. 2, 2001.

UDHR [Universal Declaration of Human Rights], G.A. res. 217A (III), UN Doc A/810 at 71 (1948).

USSR Constitution 1936. [Constitution (Fundamental law) of the Union of Soviet Socialist Republics] (1936).

VCLT [Vienna Convention on the Law of Treaties]. May 23, 1969, 1155 U.N.T.S. 331 (entered into force Jan. 27, 1980).

VDPA [Vienna Declaration and Programme of Action], adopted by the World Conference on Human Rights in Vienna (1993).

相關案件

Abrams v. United States, 250 U.S. 616 (1919).

Beauharnais v. Illinois, 343 U.S. 250 (1952).

Bradwell v. State of Illinois, 83 U.S. (16 Wall.) 130 (1873).

Brandenburg v. Ohio, 395 U.S. 444 (1969).

Chaplinsky (State v.) 91 N.H. 310, 313 (1941) [New Hampshire].

Chaplinsky v. New Hampshire, 315 U.S. 568 (1942).

Cohen v. California, 403 U.S. 15 (1971).

Dennis v. United States, 341 U.S. 494 (1951).

Dred Scott v. Sandford, 60 U.S. (19 How.) 393 (1857).

Feiner v. New York, 240 U.S. 315 (1951).

Gitlow v. New York, 268 U.S. 652, 673 (1925).

Humanitarian Law Project, 561 U.S. 1 (2010).

Lochner v. New York, 198 U.S. 45 (1905).

Lonas v. State, 3 Heisk., 287 (1871) (Tennessee).

Matal v. Tam, 582 U.S. ; 137 S. Ct. 1744 (2017).

Olmstead v. United States, 277 U.S. 438 (1928).

Plattform "Ärtze für das Leben" v. Austria, judgment of June 21, 1988, Eur. Ct. H. R. Ser. A, No. 139.

Plessy v. Ferguson, 163 U.S. 537 (1896).

Roth v. United States, 354 U.S. 476, 482 (1957).

Whitney v. California, 274 U.S. 357 (1927).

Wisconsin v. Mitchell, 508 U.S. 476 (1993).

官方報告

EC [European Commission]. "Tackling Illegal Content Online: Towards an Enhanced Respon- sibility of Online Platforms." Communication of Sept. 28, 2017, 555 (final).

ILC [International Law Commission]. Second Report on *jus cogens* (Dire Tladi, Special Rap- porteur). UN Doc. A/CN.4/706 (2017).UN-CEDW (India) [United Nations Committee on the Elimination of Discrimination against Women]. Concluding observations on the combined fourth and fifth periodic reports of India, July 24, 2014. UN Doc. CEDAW/C/IND/CO/4–5.

UN-CEDW and UN-CRC [United Nations Committee on the Elimination of Discrimination against Women and United Nations Committee on the Rights of the Child]. "Joint General Rec- ommendation No. 31 of the Committee on the Elimination of Discrimination against Women / General Comment No. 18 of the Committee on the Rights of the Child," Nov. 14, 2014. UN Doc. CEDAW/C/GC/31-CRC/C/GC/18.

UN-CRC (Brazil) [United Nations Committee on the Rights of the Child]. Concluding obser- vations on the combined second to fourth periodic reports of Brazil, Oct. 30, 2015. UN Doc.CRC/C/BRA/CO/2–4.

UN-ESC (Mali) [United Nations Committee on Economic, Social and Cultural Rights]. Con- cluding observations on the initial report of Mali, report of Nov. 6, 2018. UN Doc. E/C.12/ MLI/CO/1.

UN-ESC (Norway) [United Nations Committee on Economic, Social and Cultural Rights]. Concluding observations on the sixth periodic report of Norway, Apr. 2, 2020.

UNESCO [United Nations Educational, Scientific and Cultral Organization]. "Human Rights." UNESCO/ PHS (rev.), July 25, 1948.

UN-HRC [United Nations Human Rights Committee]. Communication No. 1773/2008. UN Doc. CCPR/ C/112/D/1773/2008 (2014), Olga Kazulina v. Belarus.

UN-HRC [United Nations Human Rights Committee]. Communication No. 1932/2010. Nov. 19, 2012. UN Doc. CCPR/C/106/D/1932/2010, Fedotova v. Russian Federation.

UN-HRC [United Nations Human Rights Committee]. Communication No. 2001/2010. UN Doc. CCPR/ C/113/D/2001/2010 (2015), Q v. Denmark.

UN-HRC [United Nations Human Rights Committee]. Communication No. 2054/2011. UN Doc. CCPR/C/113/D/2054/2011 (2015), Mamatkarim Ernazarov v. Kyrgyzstan.

UN-HRC (Nigeria) [United Nations Human Rights Committee]. Concluding observations on Nigeria in the absence of its second periodic report. UN Doc. CCPR/C/NGA/CO/2, report of Aug. 29, 2019.

UN-HRC (Tunisia) [United Nations Human Rights Committee]. Concluding observations on the sixth periodic report of Tunisia, UN Doc. CCPR/C/TUN/CO/6, report of Apr. 24, 2020.

UN-HRC (USA) [United Nations Human Rights Committee]. "Concluding observations on the fourth periodic report of the United States of America." Apr. 23, 2014. UN Doc. CCPR/C/ USA/CO/4.

UN-HRC (Uzbekistan) [United Nations Human Rights Committee]. Concluding observations on the fifth periodic report of Uzbekistan, May 1, 2020. UN Doc. CCPR/C/UZB/CO/5.

UN-HRC [Human Rights Committee]. General Comment 24 (52). General comment on issues relating to reservations made upon ratification or accession to the Covenant or the Optional Protocols thereto, or in relation to declarations under article 41 of the Covenant. UN Doc. CCPR/C/21/Rev.1/Add.6 (1994).

UN-HRC [Human Rights Committee]. General Comment 29, States of Emergency (article 4). UN Doc. CCPR/C/21/Rev.1/Add.11 (2001).

UN-HRC [Human Rights Committee]. General Comment 31, Nature of the General Legal Obligation on States Parties to the Covenant. UN Doc. CCPR/C/21/Rev.1/Add.13 (2004).

其他來源

AccessNow. *Fighting Misinformation and Defending Free Expression during Covid-19: Recommen- dations for States*. April 2020. https://www.accessnow.org/cms/assets/uploads/2020/04/Fighting-misinformation-and-defending-free-expression-during-COVID-19-recommendations-for-states-1.pdf (accessed June 1, 2021).

Agamben, Giorgio. *Homo Sacer: Sovereign Power and Bare Life*. Translated by Daniel Heller-Roazen. Stanford, CA: Stanford University Press, 1998.

Agamben, Giorgio. *State of Exception*. Translated by Kevin Attell. Chicago: University of Chicago Press, 2005.

Alston, Philip. "A Third Generation of Solidarity Rights: Progressive Development or Obfuscation of International Human Rights Law." *Netherlands International Law Review* 29 (1982): 307–322.

American Anthropological Association (Executive Board). "Declaration on Anthropology and Human Rights Committee for Human Rights American Anthropological Association," adopted by AAA membership June 1999. https://www.americananthro.org/ConnectWithAAA/Content.aspx?ItemNumber=1880 (accessed June 1, 2021).

American Anthropological Association (Executive Board). "Statement on Human Rights." *American Anthropologist (New Series)* 49, no. 4 (1947): 539–543.

Amnesty International. https://www.amnesty.org/en/ (accessed June 1, 2021).

Andrew, Edward. "Reviewed Work: God, Locke and Equality: Christian Foundations of Locke's Political

Thought by Jeremy Waldron." *Journal of British Studies* 44, no. 2 (2005): 370–372.

An-Na'im, Abdullahi. "The Compatibility Dialectic: Mediating the Legitimate Co-existence of Islamic Law and State Law." *Modern Law Review* 73 (2010): 1–29.

An-Na'im, Abdullahi. "Complementary, Not Competing, Claims of Law and Religion: An Islamic Perspective." *Pepperdine Law Review* 39 (2013): 1231–1256.

An-Na'im, Abdullahi. "Islam and Human Rights: Beyond the Universality Debate." *American Society of International Law Proceedings* 94 (2000): 95–101.

An-Na'im, Abdullahi. "Universality and Human Rights: An Islamic Perspective." In *Japan and International Law*, edited by Nisuke Ando, 311–325. London: Kluwer, 1999.

Annas, Julia. "Plato's *Republic* and Feminism." In *Plato 2: Ethics, Politics, Religion and the Soul*, edited by Gail Fine, 265–279. Oxford: Oxford University Press, 1999.

Annenberg Public Policy Center of the University of Pennsylvania. "Americans Are Poorly Informed About Basic Constitutional Provisions." Report of Sept. 12, 2017. https://www.annen bergpublicpolicycenter.org/americans-are-poorly-informed-about-basic-constitutional-provi sions/ (accessed June 1, 2021).

Anthony, Susan B. "On Women's Right to Vote" (1872). *The History Place*. https://www.historyplace.com/speeches/anthony.htm (accessed June 1, 2021).

Applebaum, Anne. *Red Famine: Stalin's War on Ukraine*. New York: Penguin, 2017.

Aquinas, Thomas. *Summa Theologica*. Translated by Fathers of the English Dominican Province. New York:

Random House, 2000 [1911–1925].

Aristotle. *The Complete Works of Aristotle: The Revised Oxford Translations*. Vols. 1 and 2, edited by J. Barnes. Princeton: Princeton University Press, 1984.

Article 19. https://www.article19.org/ (accessed June 1, 2021).

Aust, Anthony. *Modern Treaty Law and Practice*. 3rd ed. Cambridge: Cambridge University Press, 2014.

Austin, John. *The Province of Jurisprudence Determined*. Indianapolis: Hackett, 1998 [1832].

Baderin, Mashood A. "Human Rights and Islamic Law: The Myth of Discord." *European Human Rights Law Review* 2 (2005): 165–185.

Baderin, Mashood A. *International Human Rights and Islamic Law*. Oxford: Oxford University Press, 2005.

Balkin, Jack M. "'Wrong the Day It Was Decided': *Lochner* and Constitutional Historicism." *Boston University Law Review* 85 (2005): 677–725.

Bantekas, Ilias, and Lutz Oette. *International Human Rights Law and Practice*. 2nd ed. Cambridge: Cambridge University Press, 2016.

Bassiouni, Mahmoud. *Menschenrechte zwischen Universalität und islamischer Legitimität*. Frank- furt a.M.: Suhrkamp, 2014.

Becker, Mary. "Politics, Differences and Economic Rights." *University of Chicago Legal Forum* 1989, no. 1: 169–190.

Beiser, Frederick. *Hegel*. London: Routledge, 2005.

Beitz, Charles. *The Idea of Human Rights*. Oxford: Oxford University Press, 2011.

"Belarus Dissident Leaves Prison." BBC News, Aug. 16, 2008. http://news.bbc.co.uk/1/hi/world/europe/7565695.stm (accessed June 1, 2021).

Belavusau, Uladzislau, and Aleksandra Gliszczyńska-Grabias, eds. *Law and Memory: Towards Legal Governance of History*. Cambridge: Cambridge University Press, 2017.

Bentham, Jeremy. "Anarchical Fallacies." In *On Utilitarianism and Government*, 383–459. London: Wordsworth, 2001 [1796].

Berwick, Angus, and Sarah Kinosian. "Venezuela Wields a Powerful 'Hate' Law to Silence Maduro's Remaining Foes." *Reuters*, Dec. 14, 2020. https://www.reuters.com/investigates/special-report/venezuela-politics-hatelaw/ (accessed June 1, 2021).

Berlin, Isaiah. *Four Essays on Liberty*. Oxford: Oxford University Press, 1969.

Bernstein, David E. *Rehabilitating Lochner: Defending Individual Rights against Progressive Reform*. Chicago: University of Chicago Press, 2011.

Block, Hans, and Moritz Riesewieck, dir. *The Cleaners*. Nov. 12, 2018. New York: Motto Pictures.

Blom, Robert Jan. *Armoede in Nederland*. Soesterberg, NL: Aspekt B.V, 2019.

Bowen, Catherine Drinker. *Miracle at Philadelphia: The Story of the Constitutional Convention*. Boston: Back Bay, 1986.

Brickhouse, Thomas C., and Nicholas D. Smith. *Plato and the Trial of Socrates*. London: Rout- ledge, 2004.

Brown, Wendy. "*The Most We Can Hope For*. . . : Human Rights and the Politics of Fatalism." *The South Atlantic Quarterly* 103, no. 2/3 (Spring/Summer 2004): 451–463.

Bruun-Solbakk, Dávvet, and Elisabeth Stubberud. "Sápmi Pride and Queer Sápmi Organization." University of Oslo Centre for Gender Research, June 23, 2020. https://www.stk.uio.no/english/research/PRIDE/sapmi-pride.html (accessed June 1, 2021).

Burke, Edmund. *Reflections on the Revolution in France*. Oxford: Oxford University Press, 2009 [1790].

Cohen-Almagor, Raphael. "J. S. Mill's Boundaries of Freedom of Expression." *Philosophy* 92, no. 4 (2017): 565–596.

Cole, Wade M. "The Effects of Human Rights on Economic Growth, 1965 to 2010." *Sociology of Development* 2, no. 4 (2016): 375–412.

Confucius. *The Analects*. Translated by Annping Chin. London: Penguin, 2014.

Coogan, Michael D., ed. *New Oxford Annotated Bible*. 4th ed. Oxford: Oxford University Press, 2010.

Cooper, George. "Chinese State Censorship of COVID-19 Research Represents a Looming Cri- sis for Academic Publishers." *LSE Impact Blog*, Apr. 24, 2020. https://blogs.lse.ac.uk/impactof socialsciences/2020/04/24/chinese-state-censorship-of-covid-19-research-represents-a-looming-crisis-for-academic-publishers/ (accessed June 1, 2021).

Cranston, Maurice. *What Are Human Rights?* New York: Taplington, 1973.

Crawford, James R. *The Creation of States in International Law*. 2nd ed. Oxford: Oxford Univer- sity Press,

2007.

Dalton, Russell J., Doh Chull Shin, and Willy Jou. "Popular Conceptions of the Meaning of Democracy: Democratic Understanding in Unlikely Places." UC Irvine CSD Working Papers, Center for the Study of Democracy, 2007. https://escholarship.org/uc/item/2j74b860 (accessed June 1, 2021).

Davies, Norman. *Europe: A History*. Rev. ed. Oxford: Oxford University Press, 1997.

de Bary, Wm. Theodore, and Tu Weiming, eds. *Confucianism and Human Rights*. New York: Columbia University Press, 1999.

Delgado, Richard, and Jean Stefancic. *Must We Defend Nazis?: Hate Speech, Pornography, and the New First Amendment*. New York: New York University Press, 1999.

Delgado, Richard, and Jean Stefancic. *Understanding Words That Wound*. Boulder, CO: Westview, 2004.

Denardis, Laura. *The Internet in Everything: Freedom and Security in a World with No Off Switch*. New Haven: Yale University Press, 2020.

Denham, Hannah. "These Are the Platforms That Have Banned Trump and His Allies." *Washington Post*, Jan. 12, 2021. https://www.washingtonpost.com/technology/2021/01/11/trump-banned-social-media/ (accessed June 1, 2021).

Desai, Prakash N. "Duties and Rights in Hinduism: Before and After India's Independence." In *Religious Perspectives on Bioethics and Human Rights*, edited by Joseph Tham, Kai Man Kwan, and Alberto Garcia, 155–165. Berlin: Springer, 2017.

Descartes, René. *Discours de la méthode*. In *Oeuvres et lettres*, 121–179. Paris: Gallimard [Pléiade], 1937 [1637].

Descartes, René. *Méditations*. In *Oeuvres et lettres*, 253–334. Paris: Gallimard [Pléiade], 1937 [1641].

Descartes, René. *Les passions de l'âme*. In *Oeuvres et lettres*, 691–802. Paris: Gallimard [Pléiade], 1937 [1649].

de Schutter, Olivier. *International Human Rights Law*. Cambridge: Cambridge University Press, 2014.

Dikötter, Frank. *Mao's Great Famine: The History of China's Most Devastating Catastrophe, 1958–62*. London: Bloomsbury, 2010.

Dolot, Miron. *Execution by Hunger: The Hidden Holocaust*. New York: Norton, 1987.

Donnelly, Jack. "In Search of the Unicorn: The Jurisprudence and Politics of the Right to Devel- opment." *California Western International Law Journal* 15 (1985): 473–509.

Donnelly, Jack, and Daniel Whelan. *International Human Rights*. 6th ed. New York: Routledge, 2020.

Douglas, Davison. *Jim Crow Moves North*. New York: Cambridge University Press, 2005.

Douglass, Frederick. "What to the Slave Is the Fourth of July?" (1852). *TeachingAmericanHistory.org*. https://teachingamericanhistory.org/library/document/what-to-the-slave-is-the-fourth-of-july/ (accessed June 1, 2021).

Douzinas, Costas. *The End of Human Rights Paperback*. Oxford: Hart, 2000.

Douzinas, Costas. *Human Rights and Empire: The Political Philosophy of Cosmopolitanism*. London: Routledge, 2007.

Dunn, John. *The Political Thought of John Locke: An Historical Account of the Argument of the "Two Treatises of Government."* Cambridge: Cambridge University Press, 1982.

Dworkin, Ronald. "Foreword." In *Extreme Speech and Democracy*, v–ix. Oxford: Oxford University Press, 2009.

Economist Intelligence Unit. *Democracy Index* (annual). http://www.eiu.com/ (accessed June 1, 2021).

Edney, Matthew H. *Cartography: The Ideal and Its History*. Chicago: University of Chicago Press, 2019.

Ekeli, Kristian Skagen. "Democratic Legitimacy, Political Speech and Viewpoint Neutrality." *Philosophy & Social Criticism* 47 (2021): 723–752.

Ekeli, Kristian Skagen. "Toleration, Respect for Persons, and the Free Speech Right to Do Moral Wrong." In *The Palgrave Handbook of Toleration*, edited by Mitja Sardoĉ, 1–24. London: Palgrave Macmillan, 2022.

Emon, Anver, Mark Ellis, and Benjamin Glahn. "From 'Common Ground' to 'Clearing Ground': A Model for Engagement in the 21st Century." In *Islamic Law and International Human Rights Law*, edited by Anver Emon, Mark Ellis, and Benjamin Glahn, 1–13. Oxford: Oxford University Press, 2012.

Erasmus, Desiderius. *The Education of a Christian Prince*. Translated by Neil M. Cheshire and Michael J. Heath, edited by Lisa Jardine. Cambridge, UK: Cambridge University Press, 1997.

Fassbender, Bardo, and Anne Peters. *The Oxford Handbook of the History of International Law*. Oxford: Oxford University Press, 2012.

Feinberg, Joel. "The Nature and Value of Rights." *Journal of Value Inquiry* 4 (1970): 143–158.

Feygin, Yakov. "Chernobyl Shows How the Soviets Squashed Scientists." *Foreign Policy*, July 11, 2019. https://foreignpolicy.com/2019/07/11/chernobyl-shows-how-the-soviets-squashed-scientists/ (accessed June 1, 2021).

Fine, Gail. "Inquiry in the *Meno*." In *The Cambridge Companion to Plato*, edited by Richard Kraut, 200–226. Cambridge, UK: Cambridge University Press, 1992.

Finnis, John. *Natural Law and Natural Rights*. 2nd ed. Oxford: Oxford University Press, 1980.

Fisher, William W. III, Morton J. Horwitz, and Thomas A. Reed, eds. *American Legal Realism*. New York: Oxford University Press, 1993.

Foner, Eric. *The Second Founding: How the Civil War and Reconstruction Remade the Constitution*. New York: Norton, 2019.

Foucault, Michel. *Le gouvernement de soi et des autres: Tome 2, Le courage de la vérité—Cours au Collège de France* 1983–1984 (Paris: Seuil, 2009).

Franck, Thomas M. "The Emerging Right to Democratic Governance." *American Journal of International Law* 86, no. 1 (1992): 46–91.

Freedman, Rosa. *The United Nations Human Rights Council: A Critique and Early Assessment*. London: Routledge, 2013.

Freedom House. https://freedomhouse.org/ (accessed June 1, 2021).

Fronza, Emanuela. *Memory and Punishment: Historical Denialism, Free Speech, and the Limits of Criminal*

Law. The Hague: Asser Press, 2018.

Fuller, Lon. "Positivism and Fidelity to Law—A Reply to Professor Hart." *Harvard Law Review* 71, no. 4 (1958): 630–672.

Gadamer, Hans-Georg. *Wahrheit und Methode: Grundzüge einer philosophischen Hermeneutik*. 4th ed. Tübingen: Mohr-Siebeck, 1986.

Gaeta, Paola. *The UN Genocide Convention: A Commentary*. Oxford: Oxford University Press, 2009.

Gao, Ruiquan, and Xin Yan. "The Source of the Idea of Equality in Confucian Thought." *Frontiers of Philosophy in China* 5, no. 4 (2010): 486–505.

Gardiner, Richard. *Treaty Interpretation*. 2nd ed. Oxford: Oxford University Press, 2017.

Gilabert, Pablo. "The Importance of Linkage Arguments for the Theory and Practice of Human Rights: A Response to James Nickel." *Human Rights Quarterly* 32, no. 2 (2009–2010): 425–438.

Glendon, Mary Anne. *A World Made New*. New York: Random House, 2001.

Goyard-Fabre, Simone. *Les fondements de l'ordre juridique*. Paris: Presses Universitaires de France, 1992.

Griffin, James. *On Human Rights*. Oxford: Oxford University Press, 2008.

Guenancia, Pierre. *Descartes et l'ordre politique: Critique cartésienne des fondements de la politique*. Paris: Gallimard, 2012.

Habermas, Jürgen. *Strukturwandel der* Öffentlichkeit*: Untersuchungen zu einer Kategorie der bürgerlichen Gesellschaft*. Frankfurt a.M.: Suhrkamp, 1990 [1962].

Habermas, Jürgen. *Theorie des kommunikativen Handelns*. 8th ed., vol. 2. Frankfurt a.M.: Suhrkamp, 1981.

Hannum, Hurst. Review of *The Twilight of Human Rights Law*, by Eric Posner. *Human Rights Quarterly* 37 (2015): 1105–1108.

Hare, Ivan, and Weinstein, James, eds. *Extreme Speech and Democracy*. Oxford: Oxford University Press, 2009.

Hart, H. L. A. "Positivism and the Separation of Law and Morals." *Harvard Law Review* 71, no. 4 (1958): 593–629.

Hegel, Georg Wilhelm Friedrich. *Grundlinien der Philosophie des Rechts*. In *Hegel: Werke*, vol. 7. Frankfurt a.M.: Suhrkamp, 1970.

Hegel, Georg Wilhelm Friedrich. *Phänomenologie des Geistes*. In *Georg Wilhelm Friedrich Hegel: Werke*, vol. 3. Frankfurt a.M.: Suhrkamp, 1970.

Heidegger, Martin. Über *den Humanismus*. 10th ed. Frankfurt a.M.: Klostermann, 2000 [1949].

Heidegger, Martin. "Die Zeit des Weltbildes." In *Holzwege*, 10th ed. Frankfurt a.M.: Klostermann, 2015 [1950].

Heinze, Eric. "The Constitution of the Constitution: Democratic Legitimacy and Public Dis- course." In *Rancière and Law*, edited by Mónica López Lerma and Julien Extabe, 111–128. New York: Routledge, 2017.

Heinze, Eric. "Democracy, Ontology, and the Limits of Deconstruction." In *Hate, Politics and Law: Critical Perspectives on Combating Hate*, edited by Thomas Brudholm and Birgitte Johans- sen, 94–112. Oxford: Oxford University Press, 2018.

Heinze, Eric. "Even-handedness and the Politics of Human Rights." *Harvard Human Rights Journal* 21 (2008):

7–46.

Heinze, Eric. "Global Libertarianism: How Much Public Morality Does International Human Rights Law Allow?" *International Theory* (forthcoming, 2022).

Heinze, Eric. *Hate Speech and Democratic Citizenship*. Oxford: Oxford University Press, 2016.

Heinze, Eric. "Karl Marx's Theory of Free Speech." *Humanity Journal* (Parts 1 and 2), May 31–June 1, 2018. http://humanityjournal.org/blog/karl-marxs-theory-of-free-speech-part-1/ and http://humanityjournal.org/blog/karl-marxs-theory-of-free-speech-part-2/ (accessed June 1, 2021).

Heinze, Eric. "The Myth of Flexible Universality: Human Rights and the Limits of Comparative Naturalism." *Oxford Journal of Legal Studies* 39, no. 3 (2019): 624–653.

Heinze, Eric. Review of *La question des peuples autochtones*, by I. Schulte-Tenckhoff. *Netherlands Journal of International Law* 46 (1999): 269–276.

Heinze, Eric. *Sexual Orientation: A Human Right*. Dordrecht: Nijhoff, 1995.

Heinze, Eric. "Sexual Orientation and International Law: A Study in the Manufacture of Cross-Cultural "Sensitivity."" *Michigan Journal of International Law* 22 (2001): 283–309.

Heinze, Eric. "Taking Legitimacy Seriously: A Return to Deontology." *Constitutional Commentary* 32, no. 3 (2017): 527–583.

Heinze, Eric. "Victimless Crimes." In *Encyclopaedia of Applied Ethics*, 2nd ed., vol. 4, edited by Ruth Chadwick, 471–482. Cambridge, MA: Elsevier, 2012.

Heinze, Eric. "Viewpoint Absolutism and Hate Speech." *Modern Law Review* 69 (2006): 543– 582.

Heller, Hermann. *Sovereignty: A Contribution to the Theory of Public and International Law*, edited by David Dyzenhaus. Oxford: Oxford University Press, 2019 [1927].

Henkin, Louis. *The Age of Rights*. New York: Columbia University Press, 1990.

Heyman, Steven J. "Hate Speech, Public Discourse, and the First Amendment." In *Extreme Speech and Democracy*, edited by Ivan Hare and James Weinstein, 158–181. Oxford: Oxford University Press, 2009.

Higginbotham, F. Michael. *Ghosts of Jim Crow: Ending Racism in Post-Racial America*. New York: NYU Press, 1998.

Hitler, Adolph. *Mein Kampf*. Munich: Franz Eher Verlag, 1925.

Hobbes, Thomas. *Leviathan*, edited by Christopher Brooke. Oxford: Oxford University Press, 2017.

Hobbes, Thomas. "Tomae Hobbes Malmesburiensis: Vita Carmine Expressa, Authore Seipso." In *Thomae Hobbes Malmesburiensis Opera Philosophica quae Latine Scripsit Omnia*, vol. 1, edited by William Molesworth, lxxxv–xci. London: 1839.

Hohfeld, Wesley. "Some Fundamental Legal Conceptions as Applied in Judicial Reasoning." *Yale Law Journal* 23 (1913): 16–59.

Homiak, Marcia. "Feminism and Aristotle's Rational Ideal." In *Feminism and History of Philosophy*, edited by G. Lloyd, 80–102. Oxford: Oxford University Press 1993.

Homolka, Walter, and Arnulf Heidegger, eds. *Heidegger und der Antisemitismus: Positionen im Widerstreit*.

Freiburg i.B.: Herder Verlag, 2016.

Hopgood, Stephen. *The Endtimes of Human Rights Paperback*. Ithaca: Cornell University Press, 2015.

Hsi, Chu, and Lü Tsu-Ch'ien. *Reflections on Things at Hand* [*Chin-ssu lu*]. Translated by Wing- tisit Chan. New York: Columbia University Press, 1967 [12th century CE].

Human Rights Watch. https://www.hrw.org/ (accessed June 1, 2021).

Human Rights Watch. "Russia: Government vs. Rights Groups." June 18, 2018. https://www.hrw.org/russia-government-against-rights-groups-battle-chronicle#:~:text=An%20enduring%2C%20central%20feature%20has,traitor.%E2%80%9D%20To%20date%2C%20Russia's (accessed June 1, 2021).

Hutton, Guy, Laurence Haller, and Jamie Bartram. "Global Cost-Benefit Analysis of Water Supply and Sanitation Interventions." *Journal of Water Health* 5, no. 4 (2007): 481–502.

Index on Censorship. https://www.indexoncensorship.org/ (accessed June 1, 2021).

Irvin-Erickson, Douglas. *Raphael Lemkin and the Concept of Genocide*. Philadelphia: University of Pennsylvania Press, 2016.

Jensen, Steven. *The Making of International Human Rights*. Cambridge: Cambridge University Press, 2017.

Jones, Martha S. "The US Suffragette Movement Tried to Leave out Black Women." *Guardian*, July 7, 2020. https://www.theguardian.com/us-news/2020/jul/07/us-suffragette-movement-black-women-19th-amendment (accessed June 1, 2021).

Kant, Immanuel. *Grundlegung zur Metaphysik der Sitten*. In *Werkausgabe*, vol. 7, 5–102. Frankfurt a.M.:

Suhrkamp, 1968 [1785].

Kant, Immanuel. *Kritik der praktischen Vernunft*. In *Werkausgabe*, vol. 7, 104–305. Frankfurt a.M.: Suhrkamp, 1968 [1788].

Kant, Immanuel. *Die Metaphysik der Sitten*. In *Werkausgabe*, vol. 8, 303–634. Frankfurt a.M.: Suhrkamp, 1968 [1797].

Kant, Immanuel. Über *den Gemeinspruch: Das mag in der Theorie richtig sein, taugt aber nicht für die Praxis*. In *Werkausgabe*, vol. 11, 125–172. Frankfurt a.M.: Suhrkamp, 1968 [1793].

Kant, Immanuel. *Zum ewigen Frieden*. In *Werkausgabe*, vol. 8, 191–251. Frankfurt a.M.: Suhrkamp, 1968 [1795].

Kaye, David. *Speech Police: The Global Struggle to Govern the Internet*. New York: Columbia Global Reports, 2019.

Kelsen, Hans. *Reine Rechtslehre*. 2nd ed. Vienna: Mohr Siebeck, 1960.

Kelsen, Hans. *Vom Wesen und Wert der Demokratie*. Tübingen: J.C.B. Mohr, 1920.

Kennedy, David. *A World of Struggle: How Power, Law, and Expertise Shape Global Political Economy.* Princeton: Princeton University Press, 2016.

Kens, Paul. "The History and Implications of *Lochner v. New York*." Review originally published online on H-Law (2013) of David E. Bernstein's *Rehabilitating Lochner: Defending Individual Rights against Progressive Reform*. Chicago: University of Chicago Press, 2013. http://www.h-net.org/reviews/showrev.

php?id=36949 (accessed June 1, 2021).

Kens, Paul. *Lochner v. New York: Economic Regulation on Trial*. Lawrence: University Press of Kansas, 1998).

Kim, Sungmoon. "Confucianism, Moral Equality, and Human Rights: A Mencian Perspective." *American Journal of Economics and Sociology* 74, no. 1 (2015): 149–185.

Kinzelbach, Katrin. "Will China's Rise Lead to a New Normative Order?: An Analysis of China's Statements on Human Rights at the United Nations." *Netherlands Quarterly of Human Rights* 30, no. 3 (2012): 299–332.

Klarman, Michael J. *From Jim Crow to Civil Rights: The Supreme Court and the Struggle for Racial Equality*. New York: Oxford University Press, 2006.

Kolesnik-Antoine, Delphine. *Descartes: La politique des passions*. Paris: Presses Universitaires de France, 2011.

Koob, Sigrid Alexandra, Stinne Skriver Jørgensen, and Hans-Otto Sano. "Human Rights and Economic Growth: An Econometric Analysis of Freedom and Participation Rights." Danish Institute for Human Rights, 2017. https://www.humanrights.dk/publications/human-rights-economic-growth (accessed June 1, 2021).

Koskenniemi, Martti. *From Apology to Utopia: The Structure of International Legal Argument*. Cambridge: Cambridge University Press, 2006.

Kühnhardt, Ludger. *Die Universalität der Menschenrechte*. Munich: Olzog, 1987.

Langlois, Anthony J. "Human Rights without Democracy—A Critique of the Separationist Thesis." *Human Rights Quarterly* 25 (2003): 990–1019.

Langton, Rae. "Speech Acts and Unspeakable Acts." *Philosophy and Public Affairs* 22 (1993): 305–330.

Lauterpacht, Hersch. *An International Bill of the Rights of Man*. Cambridge, UK: Cambridge University Press, 2013.

Leggewie, Claus and Horst Meier. 2002. *Verbot der NPD oder mit Rechtsradikalen leben?* Frankfurt a.M.: Suhrkamp.

Leiter, Brian. *Naturalizing Jurisprudence: Essays on American Legal Realism and Naturalism in Legal Philosophy*. New York: Oxford University Press, 2007.

Lloyd, S. A., ed. *The Bloomsbury Companion to Hobbes*. London: Bloomsbury, 2013.

Locke, John. *Second Treatise of Government* and *A Letter Concerning Toleration*. Oxford: Oxford University Press, 2016.

Loy, David. "A Different 'Enlightened' Jurisprudence?." *Saint Louis University Law Journal* 54 (2010): 1239–1256.

Manent, Pierre. *La loi naturelle et les droits de l'homme*. Paris: Presses Universitaires de France, 2018.

Marks, Susan. "Human Rights and Root Causes." *Modern Law Review* 74 (2011): 57–78.

Martel, James R. *Subverting the Leviathan: Reading Thomas Hobbes as a Radical Democrat*. New York: Columbia University Press, 2007.

Martinich, A. P. *The Two Gods of Leviathan: Thomas Hobbes on Religion and Politics*. New York: Cambridge University Press, 1992.

Martinich, A. P., and Kinch Hoekstra, eds. *The Oxford Handbook of Hobbes*. Oxford: Oxford University Press, 2016.

Marx, K. "Kritik des Gothaer Programms." In *Karl Marx—Friedrich Engels: Werke*, vol. 19, edited by IML/ZK-SED, 11–34. Berlin: Dietz, 1956+ [1875].

Marx, K. "Zur Judenfrage." In *Karl Marx—Friedrich Engels: Werke*, 6th ed., vol. 1, edited by IML/ZK-SED, 347–377. Berlin: Dietz, 1956+ [1844].

Marx, K."Zur Kritik der Hegelschen Rechtsphilosophie." In *Karl Marx—Friedrich Engels: Werke*, vol. 1, edited by IML/ZK-SED [Institut für Marxismus-Leninismus beim Zentralkomitee der SED], 201–333. Berlin: Dietz, 1956+ [1844].

Matsuda, Mary, Charles Lawrence III, Richard Delgado, and Kimberlé Crenshaw, eds. *Words That Wound: Critical Race Theory, Assaultive Speech, and the First Amendment*. Boulder, CO: West- view Press. 1993.

McGinnis, John O., and Ilya Somin. "Democracy and International Human Rights Law." *Notre Dame Law Review* 84, no. 4 (2009): 1739–1798.

McGrogan, David. *Critical Theory and Human Rights: From Compassion to Coercion*. Manchester, UK: Manchester University Press, 2021.

Memmi, Albert. *Portrait du colonisé/Portrait du colonisateur*. Paris: Gallimard, 2002. Menke, Christoph.

Kritik der Rechte. Frankfurt a.M.: Suhrkamp, 2015.

Menke, Christoph, and Arnd Pollmann. *Philosophie der Menschenrechte*. 4th ed. Hamburg: Junius, 2017.

Merleau-Ponty, Maurice. *Phénoménologie de la perception*. Paris: Gallimard, 1945.

Mill, John Stuart. *On Liberty and Other Essays*, edited by John Gray. Oxford: Oxford University Press, 1991 [1869].

"Ministry of Finance of Kyrgyzstan Will Compensate for Death in Prison." ACCA Media, Dec. 7, 2019. https://acca.media/en/ministry-of-finance-of-kyrgyzstan-will-compensate-for-death-in-prison/ (accessed June 1, 2021).

Minow, Martha. "Interpreting Rights: An Essay for Robert Cover." *Yale Law Journal* 96, no. 8 (July 1987): 1860–1915.

Minow, Martha. "Rights for the Next Generation: A Feminist Approach to Children's Rights." *Harvard Women's Law Journal* 9, no. 1 (1986): 1–24.

Morsink, Johannes. *The Universal Declaration of Human Rights: Origins, Drafting, and Intent*. Philadelphia: University of Pennsylvania Press, 2000.

Moyn, Samuel. *Christian Human Rights*. Philadelphia: University of Pennsylvania Press, 2017.

Moyn, Samuel. *The Last Utopia: Human Rights in History*. Cambridge, MA: Harvard University Press, 2010.

Mutua, Makau. 2008. *Human Rights: A Political and Cultural Critique*. Philadelphia: University of Pennsylvania Press.

Nedelsky, Jennifer. *Relations of Freedom and Law's Relations*. Cambridge University Press, 2012.

Nehring, Andreas. "Human Rights in the Context of Buddhism." In *Human Rights and Religion in Educational Contexts*, edited by Manfred L. Pirner, Johannes Lähnemann, and Heiner Biele- feldt, 127–136. Berlin: Springer, 2016.

Nickel, James W. "Indivisibility and Linkage Arguments: A Reply to Gilabert." *Human Rights Quarterly* 32, no. 2 (2009–2010): 439–446.

Nickel, James W. *Making Sense of Human Rights*. 2nd ed. Malden: Blackwell, 2007.

Nickel, James W. "Rethinking Indivisibility: Towards a Theory of Supporting Relations between Human Rights." *Human Rights Quarterly* 30, no. 4 (2008): 984–1001.

Nowak, John, and Ronald Rotunda. *Constitutional Law*. 8th ed. St. Paul, MN: West Academic Publishing, 2009.

Nuovo, Victor. Review of *God, Locke and Equality*, by Jeremy Waldron. *Notre Dame Philosophical Reviews*, May 4, 2003. https://ndpr.nd.edu/news/god-locke-and-equality-christian-foundations-of-locke-s-political-thought/ (accessed July 1, 2020).

Nuyen, A. T. "Confucianism and the Idea of Equality." *Asian Philosophy* 11, no. 2 (2010): 61–71.

O'Byrne, Darren J. "Marxism and Human Rights: New Thoughts on an Old Debate." *The International Journal of Human Rights* 23, no. 4 (2019): 638–652.

Olechowski, Thomas. *Hans Kelsen: Biographie eines Rechtswissenschaftlers*. Vienna: Mohr Siebeck, 2020.

Orakhelashvili, Alexander. *Akehurst's Modern Introduction to International Law*. London: Rout- ledge, 2018.

Orakhelashvili, Alexander. *Peremptory Norms in International Law*. Oxford: Oxford University Press, 2006.

Padilla, E. "Intergenerational Equity and Sustainability." *Ecological Economics* 41 (2002): 69–83.

Palmer, David A. "Daoism and Human Rights: Integrating the Incommensurable." In *Religious Perspectives on Bioethics and Human Rights*, edited by Joseph Tham, Kai Man Kwan, and Alberto Garcia, 139–144. Berlin: Springer, 2017.

Pedersen, Ole W. "The European Court of Human Rights and International Environmental Law." In *The Human Right to a Healthy Environment*, edited by John H. Knox and Ramin Pejan, 86–96. Cambridge, UK: Cambridge University Press, 2018.

Plato. *Plato: Complete Works*, edited by J. M. Cooper. Indianapolis: Hackett, 1997.

Popper, Karl. *The Open Society and Its Enemies*. Vols. 1–2. London: Routledge 1995 [1945]. Posner, Eric. *The Twilight of Human Rights Law*. Oxford: Oxford University Press, 2014.

Post, Robert. *Constitutional Domains: Democracy, Community, Management.* Cambridge, MA: Harvard University Press, 1995.

Post, Robert. "Hate Speech." In *Extreme Speech and Democracy*, edited by Ivan Hare and James Weinstein, 123–138. Oxford: Oxford University Press, 2009.

Post, Robert. "Participatory Democracy and Free Speech." *Virginia Law Review* 97, no. 3 (2011): 477–490.

Prott, Volker. *The Politics of Self-Determination: Remaking Territories and National Identities in Europe 1917–1923*. Oxford: Oxford University Press, 2016.

"Putin Denounces Opponents Who Receive Foreign Money." *Expatica*, Dec. 12, 2012. https:// www.expatica.com/ru/uncategorized/putin-denounces-opponents-who-receive-foreign-money-74895/ (accessed June 1, 2021).

Quintavalla, Alberto, and Klaus Heine. "Priorities and Human Rights." *International Journal of Human Rights* 23, no. 4 (2018): 679–697.

Qur'an. Translated by M. A. Abdel Haleem. London: Oxford University Press, 2004. Rawls, John. *The Law of Peoples*. Cambridge, MA: Harvard University Press, 1999.

Rémy, Vanessa, Nathalie Largeron, Sibilia Quilici, and Stuart Carroll. "The Economic Value of Vaccination: Why Prevention Is Wealth." *Journal of Market Access and Health Policy*, Aug. 12, 2015. https://www.ncbi.nlm.nih.gov/pmc/articles/PMC4802701/ (accessed June 1, 2021).

Rehman, Javaid. *International Human Rights Law*. 2nd ed. Harlow, UK: Longman 2010.

Reporters Without Borders. *World Press Freedom Index* (annual). https://rsf.org/en/ranking (accessed June 1, 2021).

Rhodes, Aaron. *The Debasement of Human Rights: How Politics Sabotage the Ideal of Freedom*. New York: Encounter, 2018.

Rousseau, Jean-Jacques. *Du Contrat Social*. In *Oeuvres Complètes*, vol. 3, 347–470. Paris: Galli- mard [Pléiade], 1964.

Rousseau, Jean-Jacques. Émile I. In *Oeuvres Complètes*, vol. 4, 239–868. Paris: Gallimard [Pléiade], 1969.

Saeed, Abdullah. *Human Rights and Islam: An Introduction to Key Debates between Islamic Law and International Human Rights Law*. Cheltenham, UK: Elgar, 2018.

Sang-Jin, Han. "Confucianism and Human Rights." In *Confucianism in Context: Classic Philoso- phy and Contemporary Issues, East Asia and Beyond*, edited by Wonsuk Chang and Leah Kalmanson, 89–99. New York: SUNY Press, 2010.

San José, Daniel García. *Environmental Protection and the European Convention on Human Rights*. Strasbourg: Council of Europe, 2005.

Sartre, Jean-Paul. *L'Être et le Néant: Essai d'ontologie phénoménologique*. Paris: Gallimard, 1943. Sartre, Jean-Paul. *L'Existentialisme est un humanisme*. Paris: Gallimard 1996 [1945].

Schauer, Frederick. "Formalism." *Yale Law Journal* 97 (1988): 509–548.

Schmidt-Leukel, Perry. "Buddhism and the Idea of Human Rights: Resonances and Dissonances." *Buddhist-Christian Studies* 26 (2006): 33–49.

Schmitt, Carl, *Der Leviathan in der Staatslehre des Thomas Hobbes*. Stuttgart: Klett-Cotta, 1982 [1938].

Schrijver, Nico. "Fifty Years International Human Rights Covenants: Improving the Global Protection of Human Rights by Bridging the Gap between the Two Covenants." *NTM-NJCM Bulletin* no. 33 (2016) 457–464.

Sen, Amartya. "Freedom Favors Development." *New Perspectives Quarterly* 3, no. 4 (1996): 23–27.

Shah, Shantichandra B. "Human Rights—From Jain Perspective." *Revue Québécoise de droit international*

11, no. 2 (1998): 263–266.

Shakespeare, William. *Henry VI, Part Two*, edited by Roger Warren. Oxford: Oxford University Press, 2003.

Sharma, Arvind. *Hinduism and Human Rights: A Conceptual Approach*. Oxford: Oxford University Press, 2004.

Shelton, Dinah. Review of *The Twilight of International Law*, by Eric Posner. *American Journal of International Law* 109, no. 1 (2015): 228–234.

Sikkink, Kathryn. *Evidence for Hope: Making Human Rights Work in the 21st Century*. Princeton: Princeton University Press, 2020.

Sim, Cameron. “The Singapore Chill: Political Defamation and the Normalization of a Statist Rule of Law.” *Pacific Rim Law & Policy Journal* 20, no. 2 (2011): 319–353.

Sim, May. “A Confucian Approach to Human Rights.” *History of Philosophy Quarterly* 21, no. 4 (2004): 337–356.

Social Progress Imperative. *Social Progress Index* (annual). https://www.socialprogress.org/ (accessed Apr. 1, 2021).

Sorell, Tom, ed. *The Cambridge Companion to Hobbes*. Cambridge, UK: Cambridge University Press, 1996.

Steiner, Henry J. “Political Participation as a Human Right.” *Harvard Human Rights Yearbook* 1 (1988): 77–134.

Stewart, Nikita. “‘We Are Committing Educational Malpractice’: Why Slavery Is Mistaught— and Worse— in American Schools.” *New York Times*, Aug. 19, 2021. https://www.nytimes.com/interactive/2019/08/19/

magazine/slavery-american-schools.html (accessed June 1, 2021).

Stolzenberg, Nomi, and Gideon Yaffe. "Waldron's Locke and Locke's Waldron: Review of Jeremy Waldron's *God, Locke and Equality*." *Inquiry* 49, no. 2 (2006): 186–216.

Strauss, Leo. "Hobbes' politische Wissenschaft und zugehörige Schriften." In *Gesammelte Schriften*, vol. 3. Berlin: Luchterhand, 1965.

Strossen, Nadine. *HATE: Why We Should Resist It with Free Speech, Not Censorship*. Oxford: Oxford University Press, 2012.

Tarasco, Martha. "Hinduism and Human Rights." In *Religious Perspectives on Bioethics and Human Rights*, edited by Joseph Tham, Kai Man Kwan, and Alberto Garcia, 173–180. Berlin: Springer, 2017.

Thiel, Markus, ed. *Wehrhafte Demokratie: Beiträge* über *die Regelungen zum Schutze der freiheitlichen demokratischen Grundordnung*. Tübingen: Mohr Siebeck, 2003.

Tierney, Brian. *The Idea of Natural Rights*. Atlanta: Emory University Press, 1997.

Tiwald, Justin. "Confucianism and Human Rights." In *Routledge Handbook of Human Rights*, edited by Thomas Cushman, 244–254. London: Routledge, 2011.

Tönnies, Ferdinand. *Gemeinschaft und Gesellschaft: Grundbegriffe der reinen Soziologie*. Munich: Profil, 2016.

Tourkochoriti, Ioanna. *Freedom of Expression: An Inquiry into The Revolutionary Roots of American and French Legal Thought*. Cambridge, UK: Cambridge University Press, 2021.

Transparency International. *Corruption Perceptions Index* (annual). https://www.transparency.org/en/cpi

(accessed June 1, 2021).

"'Transphobe' Julie Bindel Banned from Free Speech Debate." *The Mancunion*, Oct. 6, 2015. https://mancunion.com/2015/10/06/transphobe-julie-bindel-banned-from-free-speech-debate/ (accessed Jan. 4, 2021) (unsigned article).

Trawny, Peter. *Heidegger und der Mythos der jüdischen Weltverschwörung*. 3rd ed. Frankfurt a.M.: Klostermann, 2015.

Uzgalis, William. "John Locke, Racism, Slavery, and Indian Lands." In *The Oxford Handbook of Philosophy and Race*, edited by Naomi Zack, 21–31. Oxford: Oxford University Press, 2017.

Vanderlinden, Jacques. *Anthropologie juridique*. Paris: Dalloz 1996.

Viansson-Ponté, Pierre. "Quand la France s'ennuie." *Le Monde*, Mar. 15, 1968. Vlastos, Gregory. *Platonic Studies*. 2nd ed. Princeton: Princeton University Press, 1981.

Waldron, Jeremy. "The Conditions of Legitimacy." *Constitutional Commentary* 32 (2017): 697– 714.

Waldron, Jeremy. *God, Locke and Equality: Christian Foundations of Locke's Political Thought*. Cambridge, UK: Cambridge University Press, 2002.

Waldron, Jeremy. *The Harm in Hate Speech*. Boston: Harvard University Press, 2012.

Waldron, Jeremy. "Hate Speech and Political Legitimacy." In *The Content and Context of Hate Speech: Rethinking Regulation and Responses*, edited by Michael Herz and Peter Molnar, 329–340. Cambridge: Cambridge University Press, 2012.

Waldron, Jeremy. "Hobbes and the Principle of Publicity." *Pacific Philosophical Quarterly* 82 (2001): 447–474.

Walker, S. Jay. "Frederick Douglass and Woman Suffrage." *The Black Scholar* 4, no. 6/7 (1973): 24–31.

Ward, Ian, and Clare Mcglyn. "Would John Stuart Mill Have Regulated Pornography?," *Journal of Law and Society* 41, no. 4 (2014): 500–522.

Warren, Samuel, and Louis Brandeis. "The Right to Privacy." *Harvard Law Review* 4, no. 5 (1890): 193–220.

Weinstein, James. "Hate Speech Bans, Democracy, and Political Legitimacy." *Constitutional Commentary* 32, no. 3 (2017): 527–583.

Weinstein, James. "Hate Speech Bans and Political Legitimacy: A Reply." *Constitutional Commentary* 32, no. 3 (2017): 715–782.

Weinstein, James. "An Overview of American Free Speech Doctrine and Its Application to Extreme Speech." In *Extreme Speech and Democracy*, edited by Ivan Hare and James Weinstein, 81–95. Oxford: Oxford University Press, 2009.

"Wesley Newcomb Hohfeld." Unsigned obituary. *Yale Law Journal* 28 (1918): 166–168.

Whelan, Daniel J. *Indivisible Human Rights: A History*. Philadelphia: University of Pennsylvania Press, 2010.

Wittgenstein, Ludwig. *Philosophische Untersuchungen*. In *Werkausgabe*, vol. 1, 225–580. Frankfurt a.M.: Suhrkamp, 1984 [1953]).

Wolton, Thierry. *Le Négationnisme de gauche*. Paris: Grasset, 2019.

索引

◎A～Z

◎2劃

◎3劃

◎4劃

◎5劃

◎6劃

◎7劃

◎8劃

◎9劃

◎10劃

◎11劃

◎12劃

◎13劃

◎14劃

◎15劃

◎16劃以上

人權的底線：爲什麼言論自由就是一切？

作　　者——艾瑞克・海因茲
（Eric Heinze）
譯　　者——劉名揚
特約編輯——洪禎璐

發 行 人——蘇拾平
總 編 輯——蘇拾平
編 輯 部——王曉瑩
行 銷 部——陳詩婷、曾志傑、蔡佳妘、廖倚萱
業 務 部——王綬晨、邱紹溢、劉文雅

出 版 社——本事出版
台北市松山區復興北路333號11樓之4
電話：(02) 2718-2001　傳眞：(02)2718-1258
E-mail：andbooks@andbooks.com.tw
發　　行——大雁文化事業股份有限公司
地址：台北市松山區復興北路333號11樓之4
電話：(02)2718-2001
傳眞：(02)2718-1258
美術設計——POULENC
內頁排版——陳瑜安工作室
印　　刷——上晴彩色印刷製版有限公司
2023 年 08月初版
定價　450元

ISBN 978-626-7074-51-0
ISBN 978-626-7074-52-7（EPUB）

國家圖書館出版品預行編目資料
人權的底線：爲什麼言論自由就是一切？
艾瑞克・海因茲（Eric Heinze）/ 著　劉名揚 / 譯
---.初版.— 臺北市 ；本事出版　：大雁文化發行， 2023 年 08 月
面　；　公分. –
譯自：THE MOST HUMAN RIGHT — Why Free Speech Is Everything
ISBN 978-626-7074-51-0（平裝）
1. CST: 言論自由　2. CST: 公民權　3. CST: 人權
579.27　　　　112008006